JALOUSIES ET RIVALITÉS ENTRE FRÈRES ET SŒURS

Adele Faber
Elaine Mazlish

Jalousies et rivalités entre frères et sœurs

Comment venir à bout des conflits entre vos enfants

Traduit de l'américain
par
Isabella Morel

Illustrations par Kimberly Ann Coe

Stock

Titre original :

SIBLINGS WITHOUT RIVALRY
(W. W. Norton and Company, New York.)

ISBN 978-2-234-05624-4

A tous les frères et sœurs adultes
qui cachent encore au fond de leur cœur
un enfant blessé.

« Voyez comme il est bon et plaisant pour les frères et sœurs de vivre ensemble unis. »

Livre des Psaumes

Nous voudrions remercier...

Nos maris, pour nous avoir sans cesse encouragées à mener à bien ce projet. Jour après jour, ils nous ont redonné des forces, surtout lorsque nous avions du mal à aller de l'avant ;

Chacun de nos enfants : jeunes, ils nous ont apporté la matière de ce livre ; adultes, ils nous ont fait de judicieuses critiques sur la façon dont nous les avions éduqués, suggérant que nous aurions pu agir différemment en plus d'une occasion ;

Les parents de nos ateliers pour leur bonne volonté : ils n'ont pas hésité à nous suivre à la découverte de nouvelles théories, ni à expérimenter celles-ci avec leurs enfants. Leur intuition et leurs expériences ont contribué à enrichir ces pages ;

Tous les gens dont nous avons enregistré les témoignages et qui nous ont confié leurs sentiments, passés et présents, envers leurs frères et sœurs ;

Kimberly Ann Coe, l'artiste de l'équipe, qui a réussi grâce à son talent à saisir exactement ce que nous recherchions dans nos bandes dessinées, et qui a créé un charmant petit monde de parents et d'enfants ;

Linda Healey, la directrice littéraire dont rêve tout écrivain, qui a su nous encourager à affirmer notre message et notre style, et nous pousser avec gentillesse et ténacité sur la voie de la perfection ;

Gerard I. Nierenberg, éditeur de notre *How To Talk So Kids Will Listen Group Workshop Kit* qui nous a convaincues d'orienter davantage notre livre sur les adultes et leurs propres relations fraternelles ;

Robert Markel, notre ancien directeur littéraire, devenu notre agent littéraire, qui n'a cessé de nous apporter son soutien, tout au long de notre carrière, et dont le goût et le jugement nous ont été précieux ;

Sophia Chrissafis, notre dynamique dactylographe, à qui nous avons souvent demandé l'impossible et qui nous a toujours dit, avec un large sourire : « Pas de problème » ;

Patricia King, une chère amie, qui a bien voulu lire notre manuscrit et nous faire bénéficier de sa clairvoyance toute particulière ;

Et enfin le regretté Dr Haim Ginott, lui qui, le premier, nous a fait percevoir que les flammes de la jalousie entre frères et sœurs pouvaient être réduites à d'inoffensives petites étincelles.

Comment ce livre a vu le jour

Alors que nous étions en train d'écrire *How To Talk So Kids Will Listen and Listen So Kids Will Talk,* nous avons buté sur un problème. Le chapitre sur la jalousie entre frères et sœurs devenait interminable. Nous n'en étions qu'à la moitié, et il avait déjà plus de cent pages. Nous avons désespérément entrepris de raccourcir, condenser, élaguer pour que ce chapitre soit proportionné au reste du livre. Mais plus nous coupions, plus nous sentions grandir notre insatisfaction.

Peu à peu la vérité nous apparut. Il fallait consacrer à la jalousie entre frères et sœurs un livre entier. Une fois que la décision fut prise, tout s'arrangea. Dans *How To Talk...* nous allions mettre assez de renseignements sur la façon de régler les conflits pour dépanner les parents dans les cas les plus difficiles. Et dans notre futur livre, nous aurions toute la place pour raconter nos frustrations premières devant les bagarres de nos propres enfants ; exposer les principes novateurs que nous avait enseignés le regretté psychologue pour enfants, le Dr Haim Ginott, lorsque nous participions à son séminaire dc parents ; partager les connaissances acquises dans nos propres familles, à travers nos lectures et nos discussions sans fin ; et décrire les expériences des parents participant aux ateliers que nous avons par la suite créés et animés sur le thème de la jalousie entre enfants.

Il nous était également venu à l'esprit que nous avions, à travers nos causeries dans tout le pays, une occasion unique d'apprendre ce que des parents d'horizons différents ressentaient sur les problèmes entre frères et sœurs. Nous n'avons pas tardé à découvrir que nous tenions en main un sujet brûlant. Où que nous allions, la seule mention de jalousie entre frères et sœurs provoquait une réaction immédiate et intense.

« Ces disputes me rendent folle. »

« Je ne sais pas ce qui arrivera en premier. Mais ou ils vont s'entre-tuer ou c'est moi qui vais les supprimer. »

« Je m'entends bien avec chaque enfant pris séparément, mais quand ils sont tous les deux ensemble, je ne peux les supporter ni l'un ni l'autre. »

De toute évidence, le problème était très répandu et très mal supporté. Plus nous parlions aux parents de ce qui se passait entre leurs enfants, plus cela nous renvoyait à la dynamique responsable de ces stress si intenses au sein de leurs familles. Prenez deux enfants qui rivalisent pour l'affection et l'attention de leurs parents. Ajoutez l'envie que ressent chaque enfant à l'égard des succès de l'autre ; le dépit qu'éprouve chaque enfant des privilèges de l'autre ; la frustration personnelle dont ils n'osent se défouler sur personne d'autre qu'un frère ou une sœur ; et il n'est pas difficile de comprendre pourquoi les relations entre frères et sœurs sont empreintes d'un potentiel émotionnel assez détonnant pour provoquer des séries d'explosions quotidiennes.

Nous nous demandions s'il y avait quelque chose à dire en faveur de la jalousie entre enfants. Ce n'était certainement pas bon pour les parents. Y avait-il quoi que ce soit dans ce phénomène qui puisse être bon pour les enfants ?

Dans toutes nos lectures, nous rencontrions des arguments selon lesquels les conflits entre frères et sœurs avaient leur utilité : les luttes pour se dominer l'un l'autre trempaient le caractère des enfants ; les incessants chahuts à la maison développaient leur vivacité, leur agilité ; les prises de bec leur apprenaient la différence entre faire de l'esprit et faire du mal ; les frictions ordinaires de la vie commune leur enseignaient comment s'imposer, se défendre, trouver des compromis. Et parfois, l'envie que causaient mutuellement les talents individuels leur inspirait de travailler plus dur, d'être plus persévérants, de réussir.

C'est là le meilleur de la rivalité entre frères et sœurs. Le pire, comme les parents nous le disaient d'emblée, pouvait démoraliser sérieusement un enfant, et même provoquer des dommages permanents. Étant donné que notre livre allait porter sur la prévention et le traitement de tout préjudice, nous pensions qu'il était important de revoir une fois encore les causes de la compétition qui ne cesse d'opposer les frères et sœurs.

D'où cela provient-il ? Les experts en la matière semblent d'accord : à l'origine de la jalousie entre frères et sœurs, il y a le désir profond qu'éprouve chaque enfant d'avoir pour lui tout l'amour de ses parents. Pourquoi cet acharnement à être le seul ? Parce que, de la Mère et du Père, ces sources merveilleuses, coulent toutes les choses dont l'enfant a besoin pour survivre et pour progresser : nourriture, abri, chaleur, caresses, sens de l'identité, sens de la valeur, de la spécificité. C'est le soleil de l'amour parental, la lumière de l'encouragement parental qui permettent à un enfant de devenir plus compétent, et d'apprendre, petit à petit, à maîtriser son environnement.

Pourquoi la présence d'autres enfants ne jetterait-elle pas une ombre sur sa vie ? Les enfants redoutent tout ce qui pourrait menacer l'essentiel de leur bien-être. La seule existence d'un enfant ou de plusieurs enfants supplémentaires dans la famille pourrait signifier MOINS. Moins de temps en tête à tête avec les parents. Moins d'attention en cas de blessures ou de déceptions. Moins d'approbation pour les réussites. Et, le plus terrifiant, cette pensée : « Si Maman et Papa témoignent tant d'amour, d'intérêt et d'enthousiasme pour mon frère ou ma sœur, peut-être sont-ils mieux que moi. Et s'ils sont mieux, cela doit vouloir dire que je suis moins bien. Et si je suis moins bien, alors ma situation est vraiment incertaine. »

Pas étonnant que les enfants se démènent avec tellement d'ardeur pour être les premiers ou les meilleurs. Pas étonnant qu'ils mobilisent toute leur énergie pour avoir plus, ou le plus. Ou mieux encore : TOUT. Pour se sentir sécurisé, il faudrait avoir tout de Maman, tout de Papa, tous les jouets, toute la nourriture, tout l'espace.

Voilà à quelle tâche surhumaine les parents sont confrontés ! Il faut qu'ils trouvent la façon de rassurer chaque enfant, de lui faire sentir qu'il est en sécurité, qu'il est spécial, aimé ; il faut qu'ils aident les jeunes antagonistes à découvrir les agréments du partage et de la coopération ; et il faut qu'ils parviennent à poser des jalons pour que les enfants pris aujourd'hui au piège de leurs conflits puissent un jour être l'un pour l'autre une source de plaisir et de réconfort.

Comment les parents s'en sortaient-ils, face à cette lourde responsabilité ? Pour le découvrir, nous avons établi un bref questionnaire :

— *Y a-t-il quelque chose dans votre façon d'élever vos enfants qui vous semble les aider à améliorer leurs relations ?*

Quelque chose qui semble les envenimer ?

Vous rappelez-vous ce qui, dans le comportement de vos parents, aggravait l'hostilité entre vos frères et sœurs et vous ?

Ce qui l'atténuait ?

Nous avons aussi demandé aux parents comment ils s'entendaient avec leurs frères et sœurs quand ils étaient petits, comment ils s'entendaient avec eux maintenant, et quels aspects du problème ils souhaiteraient voir traités dans un livre sur la jalousie entre enfants.

En même temps, nous avons enregistré des centaines d'heures de conversation avec des hommes, des femmes et des enfants de diverses origines sociales, âgés de trois à quatre-vingt-huit ans.

Finalement, nous avons réuni tout notre matériel, l'ancien et le nouveau, et avons animé plusieurs groupes, par séries de huit séances, sur le seul thème de la jalousie entre frères et sœurs. Certains parents dans ces groupes ont été enthousiastes dès le début ; certains étaient sceptiques (« Oui, mais vous ne connaissez pas *mes* enfants ! ») ; et certains ne sachant plus à quel saint se vouer étaient prêts à essayer n'importe quoi. Tous participaient activement : prenant des notes, posant des questions, jouant des rôles au cours des séances et se rapportant mutuellement les résultats de leurs expériences dans leurs « laboratoires domestiques ».

Toutes ces séances, et tout le travail des années précédentes, voilà ce qui a donné ce livre, expression de notre conviction que, en tant que parents, nous avons la capacité de changer les choses.

Nous pouvons ou bien intensifier la compétition, ou bien l'atténuer. Nous pouvons obliger les enfants à enfouir leurs sentiments hostiles ou leur permettre de les exprimer en toute sécurité. Nous pouvons envenimer les disputes ou rendre possible la coopération.

Ce que nous faisons et ce que nous disons a une influence. Quand la Bataille des Frères et Sœurs commence, nous ne devons plus nous sentir frustrés, enragés ou impuissants. Armés de nouvelles façons de faire, de comprendre, nous pouvons mener les rivaux sur le chemin de la paix.

Note des auteurs

Pour simplifier le cours de notre récit, nous avons fondu nos deux personnes en une, nos six enfants en deux garçons, et les nombreux groupes que nous avons animés ensemble ou séparément en un seul. Nous n'avons rien changé de plus à la réalité. Tout le reste — les expériences, les réflexions, les émotions — nous l'avons raconté exactement comme cela s'est passé.

Jalousies et rivalités entre frères et sœurs

1

Frères et sœurs — passé et présent

J'étais secrètement persuadée que les problèmes de rivalité entre frères et sœurs, ça n'arrivait qu'aux enfants des autres.

Quelque part en moi, je nourrissais l'idée avantageuse que je ne me laisserais pas avoir et qu'il suffisait pour cela d'éviter toutes les erreurs évidentes que commettaient les autres parents et qui rendaient les autres enfants jaloux les uns des autres. Jamais je ne ferais de comparaisons ou de favoritisme, jamais je ne prendrais parti. Si mes deux garçons savaient que je les aimais autant l'un que l'autre, ils pourraient bien se chamailler de temps en temps, mais quelle raison auraient-ils de se disputer sérieusement ?

Eh bien ! quelque raison que ce pût être, ils ne furent pas longs à la trouver.

Du moment où ils ouvraient l'œil le matin au moment où ils le fermaient le soir, ils semblaient voués à une seule tâche : se gâcher la vie l'un l'autre.

J'étais confondue. Je n'arrivais pas à m'expliquer l'intensité, la sauvagerie de leurs querelles, et le fait qu'elles ne s'arrêtaient jamais.

Y avait-il quelque chose qui ne tournait pas rond chez eux ?

Ou bien chez moi ?

Je ne trouvai aucun répit jusqu'au jour où je pus enfin partager mes angoisses avec d'autres parents en participant aux séminaires du Dr Ginott. Ce fut un véritable bonheur de découvrir que j'étais loin d'être seule dans cette galère. Il n'y avait pas que moi à passer mes journées au milieu des insultes, des médisances, des coups, des pincements, des cris et des larmes de désespoir. Il n'y avait pas que moi à promener un cœur lourd, des nerfs à vif et des sentiments d'incapacité.

Étant donné que nous avons tous été un frère ou une sœur, on pourrait croire que chacun de nous sait à quoi s'attendre. Pourtant, dans le groupe, la plupart des parents se sentaient aussi peu préparés que moi à l'antagonisme de leurs enfants. Même maintenant, bien des années plus tard, au moment où je m'apprête à animer à mon tour un atelier sur la rivalité entre frères et sœurs, je me rends compte que les choses n'ont vraiment pas beaucoup changé. Les gens sont toujours impatients de raconter avec quelle consternation ils ont découvert qu'il y avait un monde entre leurs beaux rêves et la dure réalité.

« J'ai eu un second enfant parce que je voulais que Christie ait une sœur, quelqu'un avec qui jouer, une amie pour toute la vie. Eh bien ! elle a sa sœur maintenant, et elle la déteste. Tout ce qu'elle souhaite, c'est s'en débarrasser. »

« J'ai toujours pensé que mes garçons se soutiendraient l'un l'autre. Ils se disputaient bien à la maison, mais j'étais sûre qu'à l'extérieur ils se serraient les coudes. J'ai cru avoir une attaque en découvrant que mon aîné faisait parti d'un groupe qui attaquait son petit frère à l'arrêt du bus. »

« En tant qu'homme élevé avec des frères, je sais que les garçons se bagarrent. Par contre, je m'imaginais que les filles s'entendaient bien. Pas mes trois filles. Et le pire c'est qu'elles ont des mémoires d'éléphant. Elles n'oublient jamais " ce qu'elle m'a fait ", la semaine dernière, le mois dernier, l'année dernière. Et elles ne pardonnent jamais. »

« Je suis fille unique et quand j'ai eu Gregory j'ai pensé faire un énorme plaisir à Dara. J'étais assez naïve pour croire qu'ils s'entendraient forcément bien. En fait, c'est ce qui arriva — jusqu'au moment où Gregory se mit à marcher et à parler. Je me répétais alors que les choses s'arrangeraient avec le temps. Ça n'a fait qu'empirer. Gregory a six ans maintenant, et Dara neuf. Tout ce qu'a Gregory, Dara le veut. Tout ce qu'a Dara, Gregory le veut. Ils ne peuvent se trouver à moins d'un mètre l'un de l'autre sans se donner des coups de poing ou de pied. Et ils passent leur temps à me demander : " Pourquoi a-t-il fallu que tu aies mon frère ? " " Pourquoi a-t-il fallu que tu aies ma sœur ? " " Pourquoi est-ce que je n'ai pas pu être un enfant unique ? " »

« Moi, je pensais éviter les problèmes de rivalité en espaçant correctement les naissances. Ma belle-sœur m'avait recommandé d'avoir des enfants très rapprochés pour qu'ils jouent ensemble comme des petits chiens. C'est ce que j'ai fait, et ils ont passé leur temps à se disputer. Alors j'ai lu un livre qui assurait que l'écart parfait entre les enfants c'était trois ans. J'ai essayé cela, et l'aîné s'est ligué avec le deuxième contre le petit. J'ai attendu alors quatre ans pour avoir mon quatrième, et maintenant, ils viennent *tous* pleurer dans mes jupes. Les plus jeunes se plaignent que le plus grand est " méchant et qu'il veut toujours commander ", et l'aîné se plaint que les petits ne l'écoutent jamais. Et tout le monde est mécontent. »

« Je n'arrivais pas à comprendre pourquoi les gens se torturaient pour ces histoires de jalousie entre enfants, parce que je n'avais aucun problème à l'époque où mon fils et ma fille étaient petits. Eh bien ! ce sont maintenant des adolescents qui rattrapent le temps perdu. Dès qu'ils restent plus d'une minute ensemble, ça fait des étincelles. »

Tout en les écoutant exprimer leur détresse commune, je me sentais gagnée par l'étonnement : « Mais de quoi étaient-ils tellement surpris ? Avaient-ils tout oublié de leur propre enfance ? Pourquoi ne pouvaient-ils se référer aux souvenirs de leurs propres relations avec leurs frères et sœurs ? Et moi ? Pourquoi mes expériences avec mes frères et sœurs ne m'avaient-elles pas plus aidée au moment où j'élevais mes propres enfants ? Peut-être parce que j'avais été le bébé de la famille, avec une sœur et un frère beaucoup plus âgés. Je n'avais jamais vu deux garçons grandir ensemble. »

Lorsque j'exposai mes réflexions au groupe, tous tombèrent d'accord : leurs enfants, eux non plus, n'avaient rien à voir quant à la différence d'âge, de sexe et de personnalité, avec les frères et sœurs qui avaient partagé leur enfance. Ils soulignèrent aussi que notre point de vue n'était pas le même. Comme le fit remarquer un père, mi-figue mi-raisin : « C'est une chose que d'être l'enfant qui déclenche la bagarre. C'en est une autre que d'être le parent qui doit le supporter. »

Pourtant, alors que nous dissertions tranquillement sur les

différences entre nos familles actuelles et celles de notre enfance, des souvenirs anciens, très forts, remontaient à la surface. Chacun avait une histoire à raconter, et peu à peu, la salle fut envahie par les frères et les sœurs du passé, et l'écho des violentes émotions qui avaient empreint leurs relations :

« Je me souviens comme j'étais en colère quand mon frère se moquait de moi. Mes parents me répétaient sans cesse : " Si tu ne fais pas attention, il te laissera tranquille ", mais c'était plus fort que moi. Il passait son temps à me provoquer, pour me faire pleurer. Il disait : " Tu n'as qu'à prendre ta brosse à dents et à partir. De toute façon personne ne t'aime. " Ça marchait à chaque fois. Ces paroles-là me faisaient toujours pleurer. »

« Mon frère faisait exactement la même chose. Un jour — je devais avoir huit ans — je faisais de la bicyclette ; il n'arrêtait pas d'essayer de me faire tomber ; il me mit dans un tel état de rage que je me dis : " C'en est trop. Ça ne peut pas durer. " Je rentrai à la maison et appelai la standardiste. (Nous habitions une petite ville isolée, et nous n'avions pas de ligne téléphonique directe.) Je dis : " Passez-moi la police, s'il vous plaît. " La standardiste dit : " Bien... euh... " A ce moment, ma mère entra et me dit de raccrocher. Elle qui pourtant ne me grondait jamais déclara : " Il va falloir que je parle de cela à ton père. " »

« Ce soir-là, quand il est rentré du travail, j'ai fait semblant de dormir, mais il m'a réveillé. Il m'a seulement dit : " Ce n'est pas une façon de passer tes nerfs. " Je me suis sentie tout d'abord soulagée de ne pas avoir de punition. Mais après coup, je me rappelle que je suis restée allongée, pleine de colère à nouveau. Et réduite à l'impuissance. »

« On ne permettait pas à mon frère de s'attaquer à moi, quoi que je pus lui faire. J'étais " la petite fille à son papa ". On me passait tout. Et je dois dire que j'ai à mon actif un certain nombre de forfaits. Un jour, je l'ai éclaboussé exprès avec de la graisse chaude. Une autre fois, je lui ai donné un grand coup de fourchette dans le bras. Parfois, il essayait de me retenir en me plaquant à terre, mais dès qu'il me relâchait, je lui faisais alors vraiment mal. Un jour où mes parents n'étaient pas à la maison, il m'a donné un coup de poing en plein visage. J'ai encore la cicatrice sous l'œil. Ça a été la fin. Après cela, je n'ai plus jamais porté la main sur lui. »

« Dans ma famille, nous n'avions pas le droit de nous bagarrer. Point final. Mon frère et moi, nous n'avions même pas le droit de nous fâcher. La plupart du temps, nous n'éprouvions vraiment aucune affection l'un pour l'autre, mais non ; pas le droit de se fâcher. Pourquoi ? Parce que. C'était interdit. On me disait : " C'est ton frère. Tu *dois* l'aimer. " Je disais toujours : " Mais Maman, c'est un casse-pieds, un égoïste !

— Eh bien ! tant pis. Tu dois l'aimer. "

« En conséquence, je réprimais une grande partie de mes sentiments agressifs ; j'avais peur de ce qui arriverait si jamais ils s'extériorisaient. »

Au fur et à mesure que les gens exprimaient leurs souvenirs d'enfance, je découvrais avec stupéfaction combien chaque évocation paraissait replonger le narrateur dans le passé et réveiller en lui toute la peine, toute la colère d'autrefois. Et en fait, quelle différence y avait-il entre ces histoires et celles que les parents avaient racontées un peu plus tôt au sujet de leurs propres enfants ? Les circonstances, les personnages n'étaient pas les mêmes, mais les sentiments paraissaient vraiment semblables.

« Peut-être n'y a-t-il pas tellement de différence entre les générations », observa quelqu'un avec tristesse.

« Peut-être faut-il simplement accepter le fait que les enfants d'une même famille sont des ennemis naturels.

— Pas nécessairement, objecta un père. Mon frère et moi, nous avons été très proches dès le début. Quand j'étais petit, ma mère avait l'habitude de me confier à lui, et il s'est toujours occupé de moi avec beaucoup de bonne volonté — même quand elle l'obligeait à attendre que j'ai fini mon biberon pour aller jouer. Je ne voulais pas terminer, et il n'avait pas envie de perdre son temps à attendre, alors il buvait mon biberon pour moi. Puis, nous sortions ensemble pour aller voir ses amis. »

Tout le monde se mit à rire. Une femme dit : « C'est comme avec ma sœur. Nous étions toujours complices, spécialement et surtout quand nous étions adolescentes. Nous avions l'habitude de nous liguer lorsque nous voulions nous venger de notre mère. Si elle nous grondait ou nous faisait une réflexion, nous entreprenions une grève de la faim. Chacune à notre tour. Or nous étions déjà très maigres, ce qui inquiétait notre mère, et ces grèves la rendaient folle. Elle passait son temps à nous faire boire des laits de poule et des milkshakes, alors rien ne pouvait la punir davantage que de refuser toute nourriture. Mais, en réalité, nous mangions en cachette. Celle qui ne faisait pas la grève de la faim apportait de la nourriture à celle qui la faisait.

Elle s'arrêta un moment, et fit la grimace. « Mais avec ma sœur cadette, c'était une tout autre histoire. Je ne l'ai jamais aimée. Elle est née dix ans après moi, et le soleil s'est mis à se lever et à se coucher uniquement pour ce bébé. Pour moi, elle n'était qu'une gosse pourrie. Et je n'ai pas changé d'avis. »

« C'est sans doute ce que mes sœurs aînées pensaient de moi, dit une autre femme. A ma naissance, elles avaient huit et douze ans, et je pense qu'elles étaient jalouses parce que mon père me préférait. De plus, j'ai profité de beaucoup d'avantages qu'elles n'ont pas eus. A ma naissance, mes parents avaient plus d'argent, et j'ai donc été la seule à pouvoir aller à l'université. Mes sœurs étaient toutes deux mariées à dix-neuf ans.

« A présent que mon père est mort, ma mère et moi nous sommes devenues très proches. Elle est aussi devenue très proche de mes enfants. Récemment, nous avons envisagé d'aménager sa maison pour que j'y habite, et vous ne pouvez imaginer quel tollé ce fut. Quand ma mère a fait part de nos projets à mes sœurs, elles ont explosé : “ *Nous*, nous avons été obligées d'emprunter pour acheter une maison... *Nous*, nous avons dû nous battre pendant des années pour réussir à avoir tout ce que nous avons... *Elle*, elle a été à l'université... *Son mari* est allé à l'université... *Il* a une bonne situation. ”

« Mais ce qui me perturbe le plus, c'est que maintenant mes neveux et nièces eux-mêmes en veulent à mes enfants. Ils disent : “ Grand-mère, pourquoi tu passes tout ton temps avec eux ? Tu ne viens plus jamais nous voir ! ” Apparemment la jalousie n'a pas de fin. Elle s'est transmise d'une génération à l'autre. »

On entendit des soupirs dans la pièce. Quelqu'un remarqua que ça « c'était du sérieux ». Je sentis que nous avions besoin d'une petite mise au point avant de continuer : « Nous avons considéré notre propre enfance et l'enfance de nos enfants, et voici ce à quoi nous semblons être parvenus pour l'instant :

— nous pouvons être profondément marqués, au début de notre vie, par nos rapports avec nos frères et sœurs, rapports qui provoquent en nous des réactions émotives intenses, positives ou négatives ;

— ces mêmes émotions peuvent continuer à influencer nos rapports d'adultes avec nos frères et sœurs ;

— et finalement, ces émotions peuvent même être transmises à la génération suivante. »

Il y avait plus à dire sur le sujet, mais je ne savais pas exactement quoi ajouter. Je repensai à mon propre frère, à ma propre sœur, je me rappelai qu'ils me considéraient comme une « casse-pieds », toujours à les gêner ; eh bien ! encore maintenant, bien que j'aie honnêtement réussi ma vie d'adulte, quelque part en moi subsiste cette sensation de « gêner » les autres. Je dis à haute voix : « Je me demande s'il serait excessif de dire que ces premières expériences avec nos frères et sœurs conditionnent aujourd'hui notre façon d'agir, de penser ou de nous considérer nous-mêmes. »

Il n'y eut qu'à peine un instant d'hésitation. Je fis signe à un père.

« Tout à fait ! s'exclama-t-il, mon tempérament me pousse aux responsabilités. Je suis certain que c'est parce que j'ai été l'aîné de trois frères. J'étais pour eux une sorte de dictateur bienveillant. Ils attendaient toujours mon avis et faisaient tout ce que je leur disais de faire. Il m'arrivait de les battre, mais je les protégeais contre les terreurs du voisinage.

« Encore aujourd'hui, j'ai besoin de diriger les autres. Il y a peu de temps, on m'a proposé de racheter mon affaire à un très bon prix. Je devais continuer à la faire marcher pour le compte des nouveaux propriétaires. Mais je me connais. Ça n'est pas pour moi. Il faut que je sois le patron. »

« Je suis le plus jeune de cinq garçons, et je suis absolument persuadé que la façon dont je me vois aujourd'hui dépend de mes frères. Ce sont tous des hommes supérieurs, qui réussissent dans tous les domaines — intellectuel, sportif, bref tous. Mais pour eux c'est facile. Quand j'étais petit, il me fallait constamment faire des efforts pour être à la hauteur. Pendant qu'ils s'amusaient, moi, j'étais dans ma chambre à potasser mes bouquins. Ils n'arrivaient pas à me comprendre. Ils avaient l'habitude de m'appeler " l'adopté ", gentiment, bien sûr.

« Aujourd'hui encore, je fais des efforts. Ma femme m'accuse d'être un bourreau de travail. Ce qu'elle ne comprend pas, c'est qu'une partie de moi continue à courir à perdre haleine pour rattraper mes frères. »

« Moi, il y a longtemps que j'ai perdu l'envie de rattraper ma sœur, dit une femme. Elle était si jolie, si douée, que je n'ai jamais eu la moindre chance de l'égaler. D'ailleurs elle le savait.

« Je me rappelle d'un jour, je devais avoir treize ans, où nous nous préparions pour aller à un mariage de famille. Je me trouvais vraiment bien. Elle s'est mise à côté de moi pour se regarder dans la glace et a dit : " Moi je suis l'ABC : Adorable, Belle, Charmante. Et toi, tu es plutôt un DEF : Docile, Effacée, Fade. " Je n'ai jamais oublié cela. Aujourd'hui encore, si quelqu'un me fait un compliment, je pense : " Vous devriez voir ma sœur... " »

« Moi aussi, j'ai souffert à cause de ma sœur », dit une femme à voix basse. Plusieurs personnes se penchèrent pour l'entendre. « Elle a toujours été pour moi... une cause de gêne. » Elle hésita, prit une inspiration, et continua. « Aussi loin que je me la rappelle, ma sœur avait des problèmes émotionnels, et faisait des choses bizarres qu'il fallait que j'explique à mes amis. Mes parents se faisaient tellement de souci à cause d'elle que je me sentais obligée d'être la fille parfaite, celle sur qui ils pouvaient compter. Bien que je fusse la plus jeune, je me suis toujours sentie l'aînée.

« Au fil des ans, l'état de ma sœur n'a changé que pour empirer. Et chaque fois que je la vois — tout en sachant que rien de tout cela n'est sa faute — je lui en veux, comme si elle m'avait volontairement privée d'une enfance normale. »

J'écoutais avec stupéfaction. Je connaissais depuis toujours la responsabilité que les parents avaient dans l'orientation de la vie de leurs enfants, mais jamais auparavant je n'avais imaginé que les frères et sœurs puissent exercer une aussi forte influence sur leur destinée réciproque.

Et pourtant, voilà un homme adulte qui de son propre aveu continuait à avoir besoin d'être le chef ; un autre qui continuait à s'épuiser pour être à la hauteur ; une femme qui avait toujours l'impression de ne pouvoir supporter la comparaison ; et une autre qui continuait à souffrir d'avoir été la « bonne fille ». Et tout cela, à cause de la personnalité de leurs frères et sœurs.

Alors que j'étais tout occupée à assimiler ces pensées, nouvelles pour moi, je me rendis soudain compte qu'un homme du groupe avait pris la parole depuis un moment. Je m'efforçai de me concentrer sur ce qu'il disait.

« ... et chez moi c'était donc mon père qui était instable. Ma mère était affectueuse, très calme. Mais mon père était caractériel, imprévisible. Il avait l'habitude de partir : il disait qu'il s'en allait pour deux jours, et il était absent deux mois. Alors nous, nous restions en quelque sorte blottis les uns contre les autres pour nous protéger. Les grands s'occupaient des petits, et chacun de nous avait trouvé un petit travail après l'école dès que nous en avions eu l'âge. Tout le monde apportait son écot. Si nous n'avions pas été si unis, personne ne s'en serait sorti. »

Un murmure général traversa la pièce : « Mmmm... Magnifique... Admirable... » Ce dernier récit avait touché le groupe dans ses aspirations les plus profondes : avoir des enfants qui « seraient là » les uns pour les autres, qui se manifesteraient affection, entraide et loyauté.

Une femme dit : « Voilà des paroles qui font du bien ! Je ne pourrais pas espérer mieux que ce que vous avez évoqué. Mais d'un côté, c'est décourageant. J'ai déjà entendu parler de familles dont les enfants se sont rapprochés parce que les parents avaient de gros problèmes. C'est affreux de penser qu'il faudrait que mon mari me maltraite pour que mes enfants se décident à être gentils les uns avec les autres. »

« A mon avis, observa un homme, tout cela n'est qu'une question de hasard génétique. Si on a de la chance, on tombe sur une combinaison gagnante, des enfants dont la personnalité est compatible. Sinon, on a des ennuis. De toute façon, mes amis, cela ne dépend pas de nous. »

« Je refuse de croire que cela ne dépend pas de nous, répliqua une autre femme. Aujourd'hui on nous a donné beaucoup d'exemples de parents qui ont aggravé les relations de leurs enfants, qui les ont en fait séparés. Si je me suis inscrite dans ce groupe, c'est parce que je voudrais que mes enfants finissent par devenir amis. »

Où avais-je déjà entendu ces mots ? Je dis tout haut : « J'étais exactement comme vous, il y a dix ans. Sauf que ce sujet me rendait hystérique. J'étais déterminée à tout faire pour que mes fils deviennent des amis. Le résultat, c'était les montagnes russes sur le plan émotionnel. Chaque fois qu'ils jouaient gentiment ensemble, j'étais aux anges. Je pensais : " Ça y est ! Ils s'aiment *vraiment*. Je suis une mère formidable. " Et chaque fois qu'ils se disputaient, j'étais désespérée : " Ils se détestent, et c'est ma faute ! " Le jour où j'ai laissé tomber mon rêve de " bons amis " et où je l'ai remplacé par des objectifs plus réalistes, ce jour fut l'un des plus beaux de ma vie. »

La femme parut embarrassée. « Je ne comprends pas bien à quoi vous voulez en venir », dit-elle.

« Au lieu de m'inquiéter de voir mes garçons devenir amis, expliquai-je, je me mis à réfléchir à la façon de leur inculquer le comportement, les manières nécessaires à des rapports attentionnés. Ils avaient tellement à apprendre. Je ne voulais pas qu'ils passent leur vie à chercher qui avait raison et qui avait tort. Je voulais qu'ils puissent aller au-delà de ce type de raisonnement, et qu'ils apprennent à s'écouter vraiment l'un l'autre, à respecter leurs différences, à trouver les solutions pour surmonter ces différences. Même si leurs personnalités étaient telles qu'ils ne puissent jamais devenir des amis l'un pour l'autre, au moins ils auraient la faculté de se faire un ami, d'être un ami pour quelqu'un. »

La femme parut déconcertée. Je pouvais comprendre pourquoi. Il m'avait fallu beaucoup de temps pour accepter ce que je venais de lui résumer en si peu de mots.

« Comprenez bien, dis-je, qu'il y a eu beaucoup de moments où j'étais trop fatiguée, trop dégoûtée ou trop fâchée avec les enfants pour faire le moindre effort. Mais chaque fois que je réussissais à les aider à passer d'un concours de hurlements à une discussion rationnelle, j'avais l'impression d'être formidable, d'être une mère tout à fait compétente. »

« Je ne sais pas si je pourrais faire cela », dit-elle nerveusement.

Je la rassurai : « Il n'y a aucun mystère là-dedans. Quoi que j'aie fait, vous pouvez aussi le faire. Et vous le pourrez dès la semaine prochaine. »

Elle eut un petit sourire. « Je pourrais bien ne pas tenir jusque-là, dit-elle. Qu'est-ce que je vais faire en attendant ? »

Je m'adressai alors à tout le groupe. « Nous allons mettre à profit la semaine qui vient pour observer ce qui ne va pas entre nos enfants. Ne laissez pas les enfants se disputer sans en tirer profit. Mettez par écrit tout ce qui vous perturbe, incidents ou conversations. A notre prochaine réunion, nous partagerons nos découvertes, et c'est de là que nous partirons. »

En rentrant chez moi, après la séance, je me surpris à penser à mes fils, adultes maintenant. La conversation qu'ils avaient eue la semaine dernière après le dîner de Thanksgiving était encore présente à mon esprit.

Soudain, je me revois dans la salle à manger, en train de desservir la table ; ils s'apprêtent à faire la vaisselle à la cuisine, et je les écoute tous deux.

Ils commencent par plaisanter sur le partage des tâches, chacun revendiquant une spécialité différente et tentant de refiler à l'autre le travail le plus ingrat. Puis la conversation prend un tour sérieux ; ils comparent leurs universités et leurs études — scientifiques pour l'un, artistiques pour l'autre. Tout d'un coup, c'est un débat passionné : qui est le plus important pour la société, l'artiste ou le scientifique ? « Regarde Pasteur. — Oui, mais regarde Picasso. » Et ils continuent encore et encore, chacun essayant de persuader l'autre. Finalement, épuisés par la discussion, ils concèdent qu'ils ont chacun leur valeur.

Après un moment de calme, la conversation revient sur le passé. Une vieille querelle est exhumée et ils recommencent à discuter pour savoir qui a fait quoi à qui et pourquoi, chacun trouvant de son point de vue d'adulte de nouveaux arguments. Après un moment, l'humeur change encore. Les bons vieux souvenirs amusants reviennent, au grand galop, et voilà les deux garçons qui se tordent de rire.

C'est presque comme si deux courants s'affrontaient : l'un, qui les sépare, quand ils ont besoin de se référer à ce qui les différencie pour définir leur propre personnalité ; l'autre qui les rapproche pour qu'ils puissent connaître l'unicité de leur état fraternel.

En les écoutant à moitié, de la pièce voisine, je suis surprise d'être aussi calme. Je me rends compte que les changements incessants dans la « température » de leurs relations ne m'affectent que très peu. Les différences de caractère et d'intérêts qui les empêchaient d'être proches pendant leur enfance, je sais qu'elles sont toujours présentes. Mais je sais aussi que pendant toutes ces années, je les ai aidés à construire les ponts qui relient leurs deux identités, comme des îles. S'ils ont jamais besoin de reprendre contact l'un avec l'autre, il y a beaucoup de voies pour y parvenir.

2

Pas avant que tout soit dit...

La séance suivante commença spontanément au moment où les gens enlevaient leur manteau. « Vous savez que cela m'a aidée de prendre des notes pendant que mes enfants se disputaient, fit remarquer une mère. J'étais si occupée à écrire que je n'ai même pas eu le temps de me fâcher. »

« Si seulement je pouvais en dire autant, dit une autre. Moi, à la fin de la semaine, je ne pouvais plus voir ma fille aînée. »

La femme prit son carnet et l'ouvrit à la première page. « Vous voulez entendre la liste de ce qu'elle a servi à sa petite sœur ce matin, au petit déjeuner ? »

Je suis contente de ne pas être assise à côté de toi.

Tu sens mauvais.

C'est moi que Papa préfère.

Tu es laide.

Tu ne sais même pas l'alphabet.

Il faut que Maman te noue tes lacets.

Je suis plus jolie que toi.

Les autres qui s'installaient à leur place témoignèrent par des grognements que tout cela leur était familier.

« Je pensais que mon fils en grandissant perdrait cette sorte de cruauté puérile, dit un père d'un air accablé. Mais maintenant qu'il est adolescent, il continue à persécuter son frère ; je ne répéterai pas certaines des insultes qu'il lui adresse. »

« Je ne comprends pas ce qui rend certains enfants aussi méchants, dit une autre femme. Mon fils a cinq ans, et il ne cesse de tirer les cheveux du bébé, de lui mettre les doigts dans le nez, dans les oreilles, dans les yeux. La petite a de la chance d'avoir encore des pupilles. »

Je savais exactement ce qu'ils voulaient dire. Je me rappelle quelles n'avaient pas été ma stupéfaction et ma rage en découvrant deux longues traces sanglantes sur le dos de mon bébé ; mon fils de trois ans se tenait là, avec sur les lèvres une expression à la fois satisfaite et perverse. Le méchant, l'affreux enfant ! Qu'est-ce qui avait pu le pousser à faire cela ?

Afin de nous permettre de découvrir les causes de la « méchanceté » de nos enfants, je proposai au groupe de travailler sur l'exercice suivant. (Le lecteur, ou la lectrice, aura intérêt à mettre ses réactions par écrit. Les hommes liront « mari » à la place de « femme », et « il » à la place de « elle », tout au long de l'exercice.)

Imaginez que votre conjoint mette son bras autour de vos épaules et vous dise : « Ma chérie, je t'aime tellement, tu es tellement merveilleuse que j'ai décidé de prendre une autre femme exactement comme toi. »

Votre réaction : . . . .
. . . .
. . . .

La nouvelle femme finit par arriver. Vous découvrez qu'elle est très jeune et plutôt mignonne. Quand vous vous trouvez tous les trois ensemble, les gens vous disent bonjour poliment, mais s'adressent à la nouvelle venue avec ravissement. « Qu'elle est adorable ! Bonjour, ma chérie... Tu es un trésor ! » Puis ils se tournent vers vous et vous demandent : « Comment trouves-tu la nouvelle femme ? »

Votre réaction : . . . .
. . . .
. . . .

La nouvelle femme a besoin de vêtements. Votre mari ouvre votre armoire, prend des pulls, des pantalons, et les lui donne.

Quand vous protestez, il vous dit que vous avez un peu grossi, que donc les vêtements sont un peu justes pour vous et qu'ils lui iront à la perfection.

Votre réaction : ....
....
....

La nouvelle femme fait des progrès rapides. Chaque jour, elle paraît plus intelligente, plus capable. Un après-midi vous êtes en train de vous échiner sur le nouvel ordinateur que votre mari vous a rapporté, afin de comprendre la procédure d'utilisation ; elle bondit dans la pièce et dit : « Oh ! tu me laisses ta place ? Je sais m'en servir ! »

Votre réaction : ....
....
....

Vous refusez de le lui prêter. Elle court trouver votre mari en pleurant. Quelques instants plus tard elle revient avec lui. Elle a le visage sillonné de larmes, il la tient par les épaules. Il vous dit : « Quel est le problème ? Est-ce qu'elle ne peut pas avoir un peu l'ordinateur ? Pourquoi ne veux-tu pas partager ? »

Votre réaction : ....
....
....

Un jour vous surprenez votre mari et sa nouvelle femme allongés ensemble sur le lit. Il la chatouille et elle glousse de rire. Le téléphone sonne ; il répond. Puis il vous dit qu'une affaire importante l'oblige à partir sur-le-champ. Il vous demande de rester à la maison avec la nouvelle femme et de faire en sorte qu'elle se sente bien.

Votre réaction : ....
....
....

Vous êtes-vous découvert des réactions pour le moins inamicales ? Les membres du groupe ont facilement admis que sous leur apparence civilisée, respectable se cachaient des dispositions à la mesquinerie, la cruauté, la rancune, ainsi que des envies de vengeance, de torture, de meurtre. Même ceux qui se croyaient tout à fait sûrs d'eux, qui avaient une haute idée d'eux-mêmes, même ceux-là furent surpris de constater quels sentiments de rage et de vulnérabilité la présence de « l'autre » provoquait en eux.

« Il y a une chose qui me gêne, dit une femme. Cet exercice sous-entend que seul l'aîné manifeste ce type de réaction. Chez moi, c'est le bébé qui se sent menacé et furieux. Ma fille n'a que dix-huit mois, mais elle s'en prend à son frère de quatre ans sans avoir été provoquée le moins du monde. Hier, elle est arrivée par-derrière, alors qu'il regardait la télévision, et l'a frappé sur la tête avec son hochet. Pas plus tard que ce matin, elle était couchée dans mon lit, à côté de moi, et elle buvait tranquillement son biberon ; mais à la seconde où son frère a voulu se coucher de l'autre côté, elle a cessé de boire et l'a poussé si brutalement qu'il est tombé du lit. »

Suivit une longue discussion sur les sentiments de l'enfant le plus jeune. Plusieurs autres parents dirent qu'ils avaient des cadets agressifs, qui avaient manifesté le besoin de se mesurer aux aînés dès leur plus jeune âge. D'autres par contre décrivirent des cadets en adoration devant un frère ou une sœur aînée, et qui souffraient d'être repoussés sans pouvoir en comprendre la raison. Un parent parla de son plus jeune enfant, dépassé et découragé, parce qu'il avait l'impression qu'il n'arriverait jamais au niveau de ses aînés.

Un père parut contrarié du tour que prenait notre discussion. « Franchement, dit-il, je trouve que nous nous complaisons un peu trop dans le sentiment. En ce qui me concerne, j'en ai eu ras le bol de toute cette sensiblerie à la maison. Je rentre chez moi après une dure journée — les trois filles se disputent en hurlant, ma femme les dispute en hurlant, et toutes en chœur elles se précipitent sur moi pour se plaindre. Moi, ce que ressent qui que ce soit à cause de quoi que ce soit, je ne veux même pas en entendre parler. Tout ce que je veux c'est que ça s'arrête. »

« Je comprends que vous soyez exaspéré et frustré, dis-je. Pourtant c'est là l'ironie des choses. Si on veut avoir la moindre chance que " ça s'arrête ", alors il faut ne pas fermer la porte à tous ces débordements émotionnels que l'on souhaite bannir définitivement, mais les accueillir avec respect. »

Il me regarda en fronçant les sourcils, sans réagir.

« Je sais combien ça peut être insupportable d'entendre un enfant se déchaîner contre un autre, dis-je. Mais si on l'empêche d'exprimer sa colère, ce sentiment risque de se retrouver enfoui dans le subconscient de l'enfant, et de réapparaître sous une autre forme, symptôme physique ou problème psychologique. »

Il prit un air sceptique.

« Voyons comment nous, adultes, nous réagissons quand nous n'avons pas le droit d'exprimer nos sentiments négatifs, dis-je. Revenons un moment à l'analogie nouveau mari/nouvelle femme. Supposez... »

Je fus interrompue par un homme : « J'ai eu du mal à me prêter à cet exercice. Après tout, ce n'est pas dans nos coutumes de prendre un deuxième conjoint. Ce n'est même pas légal. Alors qu'il est normal et légal pour des parents d'avoir plus d'un enfant.

— Je vous l'accorde, dis-je. Mais pour le besoin de cet exercice, faisons comme si les normes culturelles avaient changé, comme si la loi avait cautionné votre second mariage. Disons qu'à cause d'un manque d'hommes ou de femmes dans notre pays, on a adopté une nouvelle législation : les personnes du sexe le moins nombreux ont désormais l'obligation de prendre un deuxième conjoint.

— D'accord, dit-il avec mauvaise grâce. Je veux bien qu'on fasse comme cela.

— Pourquoi hésiteriez-vous, repartit vivement une femme, puisque le sexe le moins nombreux c'est vous ! »

J'attendis que les rires se calment pour poursuivre. « Cela fait maintenant un an, repris-je, que la nouvelle femme — ou le nouveau mari — est arrivé chez vous. Loin de vous être habituée à sa présence, vous la supportez de moins en moins. Par moments, vous vous demandez si c'est vous qui n'êtes pas normale. Alors que vous vous trouvez assise au bord de votre lit, triste et blessée, votre mari entre. Avant de pouvoir vous en empêcher, vous laissez échapper : “ *Je ne veux plus de cette personne à la maison. Sa présence me rend très malheureuse. Pourquoi est-ce que tu ne peux pas la renvoyer ?* ” »

Votre mari — ou votre femme — vous répondra de diverses manières. Notez votre réaction à chacune des déclarations suivantes.

1. Tout cela, ce sont des bêtises. Tu es ridicule. Tu n'as aucune raison de réagir de cette façon.

Votre réaction : . . . .
. . . .
. . . .

2. Ce que tu viens de me dire me contrarie beaucoup. Si vraiment tu penses cela, alors garde-le pour toi, parce que moi je ne veux pas en entendre parler.

Votre réaction : . . . .
. . . .
. . . .

3. Écoute, ne me mets pas dans une situation impossible. Tu sais très bien que je ne peux pas la (le) renvoyer. Elle fait partie de notre famille maintenant.

Votre réaction : . . . .
. . . .
. . . .

4. Pourquoi faut-il que tu ne sois jamais contente ? Débrouille-toi pour t'entendre avec elle et ne viens pas me trouver à chaque fois qu'il y a un petit problème.

Votre réaction : ....
....
....

5. Je ne me suis pas remarié pour moi tout seul. Je sais qu'il t'arrive de te sentir seule et j'ai pensé que tu aimerais avoir de la compagnie.

Votre réaction : ....
....
....

6. Écoute, chérie. Arrête. Qu'est-ce que mes sentiments pour toi ont à voir avec elle ? Mon cœur a assez d'amour pour vous deux.

Votre réaction : ....
....
....

A nouveau les membres du groupe furent stupéfaits de la façon dont ils réagissaient. Certains avouèrent se sentir « stupides, « coupables », « injustes », « fous », « dépassés », « impuissants », « abandonnés ».

D'autres dirent : « Mon véritable moi est inacceptable... » « Je dois être quelqu'un de mauvais... » « Je suis obligée de faire semblant d'accepter cette situation afin de préserver le peu d'amour qui reste pour moi... » « Je n'ai personne à qui parler, personne qui s'intéresse à moi. »

Mais le sentiment qui surprit le plus tout le monde fut l'envie irrésistible de faire du mal, à n'importe quel prix. Ils voulaient créer des problèmes à la nouvelle venue, la blesser physiquement. Le fait qu'ils puissent se blesser eux-mêmes au passage, ou provoquer la colère de leur conjoint ne comptait pas. Le risque en valait la peine s'ils parvenaient à diminuer l'intruse aux yeux de leur mari (ou de leur femme). Qui plus est, ils voulaient aussi blesser leur conjoint, le punir pour leur infliger une telle torture.

Et pourtant, en examinant les paroles qui avaient provoqué une réaction aussi « exagérée », il nous fallut admettre qu'elles n'avaient rien de bien extraordinaire. Lorsqu'une personne manifeste des émotions déraisonnables, il est tout à fait courant de lui opposer une fin de non-recevoir, ou un discours logique, de lui prodiguer des conseils ou d'essayer de la rassurer.

Quand je demandai aux participants ce qu'ils voulaient que leur conjoint fît, ils répondirent farouchement tous en chœur : « Qu'il se débarrasse d'elle ! » « Qu'elle se débarrasse de lui ! » Il y eut des éclats de rire triomphants, suivis de quelques réflexions à posteriori.

« Si mon mari se " débarrassait " d'elle, simplement parce que je le lui aurais demandé, cela me paniquerait. Je penserais que la même chose pourrait bien m'arriver un jour. »

« J'exigerais que mon mari me dise qu'il me préfère et qu'elle ne compte pas pour lui. »

« Je pourrais croire cela un certain temps, mais je finirais par me demander s'il ne lui sert pas la même chose à mon sujet. »

« Alors, comment pourrait-on arriver à satisfaire ces messieurs-dames ? » dis-je en plaisantant.

Il y eut un petit moment d'arrêt. Puis : « Je voudrais qu'on me permette de dire toutes sortes de méchancetés, de critiques sur la nouvelle femme — vraies ou non — sans qu'il la défende ou qu'il me dispute ou qu'il se mette en colère. »

« Ou qu'il regarde sa montre. »

« Ou qu'il allume le téléviseur. »

« Pour moi, la chose la plus importante serait de savoir qu'il comprend ce que je ressens. »

Je me rendis soudain compte que la plupart des réponses provenaient des femmes. Était-ce parce que j'avais orienté l'exercice plutôt vers « la nouvelle femme » que « le nouveau mari » ? Ou parce que, dans notre société les femmes sont plus libres d'exprimer leurs sentiments que les hommes ?

Cette fois, je m'adressai aux hommes. « Vos " épouses "

viennent d'exprimer leurs besoins. Je vais vous demander d'essayer de satisfaire ces besoins. Que répondez-vous à votre femme quand elle vous dit : " Je ne veux plus de cette personne à la maison. Sa présence me rend trop malheureuse. Pourquoi ne te débarrasses-tu pas d'elle ? " »

Les hommes me regardèrent d'un air déconcerté.

Je reformulai la demande : « Que pourriez-vous dire de précis à votre femme pour lui faire savoir que vous comprenez ses sentiments ? »

Il y eut de l'inquiétude dans les regards. Finalement un brave se lança : « Je ne savais pas que tu éprouvais ces sentiments », proposa-t-il.

Un autre homme rassembla son courage : « Je ne savais pas que cela te contrariait autant », dit-il.

Un autre homme intervint. « Je commence à voir combien cette situation est pénible pour toi. »

Je me tournai alors vers les femmes. « Et que pourriez-vous dire à votre mari pour lui faire savoir que vous comprenez ce qu'il éprouve à l'égard du nouveau mari ? »

Une main se leva. « Ça doit être très pénible pour toi qu'il soit toujours là. »

Une autre main. « Prends tout ton temps pour me dire ce qui t'ennuie. »

Et finalement : « Je veux savoir ce que tu ressens... parce que c'est très important pour moi. »

On entendit un soupir. Quelques personnes applaudirent. De toute évidence, ce qu'elles venaient d'entendre leur avait plu.

Je me tournai vers le père qui en avait « ras le bol de la sensiblerie ». « Qu'en pensez-vous ? » lui demandai-je.

Il sourit tristement. « Je suppose, dit-il, que c'est là votre façon à vous de nous dire : voilà comment vous devriez agir avec vos enfants, au lieu d'essayer de les faire taire. »

J'acquiesçai de la tête. « Même en tant qu'adultes en train d'imaginer une situation, dis-je, nous pouvons sentir combien il est réconfortant de pouvoir confier à quelqu'un nos ressentiments. Les enfants ne sont pas différents. Ils ont besoin d'exprimer les sentiments et les désirs qu'ils éprouvent à l'égard de leurs frères et sœurs. Même ceux qui sont déplaisants. »

« Oui, dit-il, mais les adultes peuvent se contrôler. Si vous donnez le feu vert aux enfants pour exprimer ces sentiments-là, j'ai bien peur qu'ils ne se mettent à les exprimer par des actes. »

« Il est important d'établir la différence entre autoriser des sentiments et autoriser des comportements, répliquai-je. Nous permettons aux enfants d'exprimer leurs sentiments. Nous ne leur permettons pas de se faire du mal. Notre tâche c'est de leur montrer comment exprimer leur colère sans se blesser. »

Je pris les documents que j'avais polycopiés pour l'atelier. « Dans ces bandes dessinées, dis-je en les distribuant, vous verrez comment toute cette théorie peut être mise en application, avec de jeunes enfants, des enfants plus grands et des adolescents. »

AU LIEU DE REJETER LES SENTIMENTS NÉGATIFS QU'ÉPROUVE UN ENFANT ENVERS L'AUTRE, FAITES LE CONSTAT DE CES SENTIMENTS

Au lieu de...

Trouvez les mots pour exprimer les sentiments

Au lieu de...

Trouvez les mots pour exprimer les sentiments

Au lieu de...

Trouvez les mots pour exprimer les sentiments

ACCORDEZ AUX ENFANTS DE FAÇON IMAGINAIRE CE QU'ILS N'ONT PAS DANS LA RÉALITÉ

Au lieu de...

Trouvez les mots pour exprimer ce que voudrait l'enfant

Au lieu de...

Trouvez les mots pour exprimer ce que voudrait l'enfant

Au lieu de...

Trouvez les mots pour exprimer ce que voudrait l'enfant

AIDEZ LES ENFANTS A SOULAGER LEURS SENTIMENTS HOSTILES PAR DES MOYENS SYMBOLIQUES OU CRÉATIFS

Au lieu de...

Encouragez l'expression créative

Au lieu de...

Encouragez l'expression créative

Au lieu de...

Encouragez l'expression créative

ARRÊTEZ LES COMPORTEMENTS BRUTAUX MONTREZ COMMENT EXPRIMER EN TOUTE SÉCURITÉ DES SENTIMENTS DE COLÈRE RETENEZ-VOUS D'ATTAQUER L'ATTAQUANT

Au lieu de...

Montrez de meilleures façons d'exprimer la colère

Au lieu de...

Montrez de meilleures façons d'exprimer la colère

Au lieu de...

Montrez de meilleures façons d'exprimer la colère

Le reste de la soirée se passa à regarder chaque page, à discuter les techniques proposées, à les tester.

« Quand mon fils recommencera à se plaindre que sa grand-mère passe trop de temps avec le bébé, je devrais peut-être simplement admettre que cela lui fait de la peine. Ou bien dire quelque chose comme : “ Tu voudrais qu'elle passe plus de temps avec toi. ” »

« La prochaine fois que Lori essaiera de frapper son frère, peut-être lui dirai-je d'exprimer sa colère avec sa voix plutôt qu'avec ses mains. »

Chacun essayait de trouver comment appliquer ces nouvelles techniques aux points sensibles de leurs enfants dans leur propre foyer.

A un moment, je m'aperçus que quelques personnes commençaient à avoir le regard vague. De toute façon, notre temps était écoulé.

Pendant que chacun rassemblait ses affaires pour partir, il y eut un échange de plaisanteries :

« Qui peut se souvenir de tout cela ? »

« J'ai vraiment dit tout ce qu'il ne fallait pas. J'en suis malade. »

« C'est vraiment trop pour moi. Ce serait plus simple d'envoyer les enfants chez un psy une fois par semaine. »

« Une fois par semaine ? Vu ce qui se passe avec les miens, j'aurais besoin d'un psy à domicile. »

J'écoutais et pensais : « C'est décourageant de se trouver dans ce no man's land où on sait ce qui ne va pas, mais pas vraiment ce qu'il faudrait faire pour que cela aille. Pas étonnant qu'ils soient tous soucieux. »

Mais étant donné que j'avais moi-même connu cela jadis, je savais que leur malaise n'était que temporaire. Avec du temps, de la pratique et un peu de chance, ils verraient bientôt eux-mêmes qu'aucune de ces techniques n'était au-dessus de leurs capacités. Sans qu'ils le sachent, ils avaient déjà pris le départ.

Bref rappel...

FRÈRES ET SŒURS ONT BESOIN
QUE LEURS SENTIMENTS RÉCIPROQUES
SOIENT RECONNUS

L'enfant : « Il a pris mes nouveaux patins. Je vais le tuer. »

Par des mots qui définissent ces sentiments :
« Tu as l'air furieux ! »

ou

Par des souhaits :
« Tu voudrais qu'il ne prenne pas tes affaires sans te demander la permission. »

ou

Par des activités symboliques ou créatives :
« Et si tu fabriquais une pancarte " Propriété privée " pour accrocher à la porte de ton placard ? »

LES ENFANTS ONT BESOIN QU'ON LES EMPÊCHE
DE SE FAIRE DU MAL

« Arrête ! Les gens ne doivent pas se faire du mal ! »

ET QU'ON LEUR MONTRE COMMENT MANIFESTER
LEUR COLÈRE DE FAÇON ACCEPTABLE

« Dis-lui avec des mots combien tu es furieux. Dis-lui : " Je ne veux pas qu'on prenne mes patins sans ma permission ! " »

LES QUESTIONS

Les gens revinrent de cette semaine de « reconnaissance des sentiments » avec mille questions ; tous avaient hâte de raconter aux autres ce qui était arrivé chez eux. D'abord leurs questions.

J'ai essayé de montrer à mon fils que je comprenais ses sentiments de colère. Je lui ai même dit : « Je sais que tu détestes ton frère. » Apparemment cela n'a servi qu'à le rendre encore plus furieux. Il a hurlé : « Non, ce n'est pas vrai ! » Quelle est mon erreur ?

La plupart des enfants éprouvent à l'égard de leurs frères et sœurs des sentiments mitigés ; ils sont mal à l'aise et irrités lorsqu'on leur dit qu'ils ne ressentent que de l'hostilité. Ce qui les aiderait davantage, ce serait de dire : « Apparemment tu éprouves deux sentiments à l'égard de ton frère. Parfois tu l'aimes beaucoup et parfois il te rend fou furieux. »

Mais que faire quand un enfant n'arrête pas de dire qu'il déteste son frère ? Quand je réponds : « J'ai compris, tu le détestes », il me répond en hurlant : « Oui je le déteste. » Je dis : « Mon Dieu, tu le détestes vraiment », et il crie : « C'est ça : je le déteste. » Et nous n'arrivons jamais à nous en sortir.

Pour aider un enfant à cesser de tourner en rond en exprimant sa colère, il est utile de reformuler ses sentiments dans un langage qui lui permettra de progresser. N'importe laquelle de ces phrases peut l'aider :

« Je comprends combien tu es furieux contre David. »

« Il a fait quelque chose qui t'a vraiment embêté. »

« Il a dû dire quelque chose qui t'a rendu furieux. »

« Tu voudrais m'en dire plus long ? »

Ma fille a trois ans. Je lui dis : « Ne tape pas sur ta sœur. A la place, va dans ta chambre et tape sur ta poupée. » Mais elle refuse et s'en prend encore au bébé. Dois-je continuer à utiliser cet argument ?

Envoyer un enfant dans sa chambre, loin de vous, en lui donnant comme consigne de frapper sa poupée, et proposer à un enfant d'exprimer ses sentiments sur sa poupée sous vos yeux, ce sont deux choses différentes. Il vaudrait mieux lui dire : « Je ne peux pas te laisser faire du mal au bébé, mais tu peux te servir de ta poupée pour me montrer ce que tu ressens. »

Les mots clefs sont « me montrer ». Et pendant que l'enfant menace sa poupée du doigt, ou qu'il la bourre de coups de poing, le parent peut traduire en mots ce que l'enfant tente d'exprimer.

« Tu en veux vraiment beaucoup à ta sœur. »

« Parfois, elle te met en colère. »

« Je suis contente que tu m'aies montré cela. Si jamais tu te sens encore comme cela, surtout viens me le dire. »

J'ai voulu que ma fille de trois ans se serve de sa poupée pour me montrer ce qu'elle éprouve au sujet du bébé. Pourtant quand elle s'est mise à lui écraser la tête contre le plancher, je me suis rendu compte que ça pouvait lui être bénéfique à elle, mais que pour moi c'était un spectacle insupportable. Suis-je la seule à réagir de cette façon ?

Vous n'êtes pas la seule. D'autres parents dans votre cas ont découvert qu'ils étaient beaucoup plus à l'aise s'ils proposaient à leur enfant d'utiliser de vieux oreillers, de la peinture ou des crayons et du papier comme moyens d'expression :

« Peux-tu me faire un dessin pour m'expliquer comment tu te sens ? »

« Ces zigzags noirs me montrent que tu te sens très en colère. »

« La façon dont tu secoues cet oreiller, ça veut bien dire " Grrrr !!! " »

Et s'il n'y a pas de matériel disponible, on peut toujours utiliser les mots :

« Je ne peux pas te laisser pincer le bébé, mais tu peux me dire par des mots combien tu es furieuse. Tu peux me dire très fort : " Je suis FURIEUSE !!! " »

J'ai remarqué que quand nous avons de la visite et que la famille s'extasie devant le bébé, mon fils de cinq ans se replie complètement sur lui-même. Par la suite, il se venge sur sa sœur. Y a-t-il quelque chose que je puisse faire ?

L'idéal serait de museler ces gens bien intentionnés, n'est-ce pas ? A moins d'attirer l'attention de votre famille à l'avance sur le problème, vous pouvez vacciner en partie votre fils contre cette souffrance en discutant franchement avec lui de ce qu'il paraît ressentir :

« Je parie que c'est dur de voir tout le monde faire des risettes à ta sœur, d'entendre tous ces boniments du genre " Comme elle est mignonne " — même en sachant qu'ils faisaient la même chose avec toi quand tu avais son âge. Si ça se reproduit, fais-moi un petit signe, cligne de l'œil, par exemple, et moi aussi je te ferai un petit signe. Comme ça, tu sauras que je sais. Ce sera notre secret. »

Mon fils est apparemment incapable de voir les choses du point de vue de sa sœur. Ces derniers temps, je lui ai demandé à plusieurs reprises : « Est-ce que tu aimerais que ta sœur te fasse la même chose ? » Je ne peux jamais obtenir de réponse. Pourquoi ?

La question le met dans une situation difficile. S'il devait vous répondre honnêtement, il lui faudrait admettre que non. Si vous voulez que votre fils soit capable de considérer un autre point de vue, contentez-vous d'une réflexion qui ne le culpabilise pas : « Je suis certaine que tu peux imaginer ce que toi tu ressentirais si on te faisait la même chose. » Dans ce cas, il lui faut réfléchir : « Puis-je l'imaginer ? Qu'est-ce que cela me ferait ? » Mais il n'est pas obligé de répondre à quiconque, si ce n'est à lui-même. Et cela suffit.

Ma fille, adolescente, ne cesse de se plaindre de son frère. Par moments c'est plus que je ne puis supporter. Dois-je l'écouter à chaque fois qu'elle vient me trouver ?

Il y aura toujours, pour chacun de nous, des moments où nous serons incapables d'écouter avec tolérance. Il est important que nos enfants le sachent. Vous pouvez dire à votre fille : « Je comprends combien tu en veux à ton frère, mais pour l'instant cela m'est difficile de t'écouter. On peut s'asseoir toutes les deux après le dîner pour en parler, si tu veux. »

Une mère, qui s'était rendu compte qu'elle n'avait pas beaucoup de patience pour les sempiternelles doléances, avait acheté pour chacun de ses enfants un carnet de « rouspétance » pour écrire ou dessiner chaque fois qu'ils se disputaient. Les enfants s'étaient mis à l'utiliser sur-le-champ, et du coup, ils éprouvaient moins souvent le besoin d'aller se plaindre à leur mère.

LES RÉCITS

Cela fait maintenant de nombreuses années que j'anime des groupes ; pourtant je suis toujours stupéfaite de constater que les parents n'ont besoin que de deux ou trois séances pour réussir à mettre en pratique la théorie, et cela de façon à la fois habile et originale. La plupart des témoignages qui suivent sont rigoureusement tels qu'ils ont été écrits ou racontés au groupe. Certains ont été légèrement adaptés pour la publication. Seuls les noms des enfants ont été changés.

Les deux premières histoires qui nous furent présentées causèrent une surprise générale ; car elles concernaient des enfants qui n'étaient pas encore nés et qui causaient déjà des problèmes.

> Je suis au septième mois de grossesse. Lorsque j'ai annoncé à Tara, qui a cinq ans, que j'allais avoir un bébé, elle ne m'a rien dit. Mais la semaine dernière, elle a touché mon ventre et dit : « Je déteste ce bébé. » Ce qui m'a causé un choc, mais j'étais contente qu'elle en parle. Je savais en effet qu'elle devait être contrariée, et le fait qu'elle soit capable de m'en faire part montrait qu'elle avait confiance en moi. Mais bien que je fusse préparée à cette réaction — on peut même dire que je l'attendais — ça m'a fait l'effet d'une petite bombe.
>
> Je lui ai déclaré : « Je suis contente que tu m'aies dit cela, Tara. Peut-être penses-tu qu'à cause du nouveau bébé, Maman n'aura plus le temps de s'occuper de toi ? » Elle a

acquiescé de la tête. J'ai ajouté : « Lorsque tu auras cette impression, viens me le dire, et alors je trouverai du temps pour toi. »

La bombe est partie en fumée, et depuis, elle n'a plus abordé le sujet.

Quand ma femme et moi nous avons appris à Michael (six ans) que sa mère attendait un bébé, il a été tout excité. Puis il a réfléchi environ une minute, et a dit : « Pas question ! » La nuit même, il s'est mis à mouiller son lit.

Après la naissance du bébé, il n'a manifesté aucune animosité à son égard. En fait, il a été parfait pour elle : la prenant, la surveillant, avec une attitude très protectrice. Mais avec sa mère — attention ! Il essayait de lui donner des coups de pied... de la frapper. Elle a mis fin à ce comportement en lui disant : « Je ne supporterai pas que tu me fasses mal ! » Alors Michael s'est mis à faire des saletés, étalant par exemple de la vaseline ou de la pâte dentifrice dans toute la maison. Pour couronner le tout, sa maîtresse nous a appelés pour nous annoncer qu'il n'écoutait plus en classe, qu'il souffrait d'un défaut d'attention.

Kay et moi nous nous sommes concertés et nous sommes parvenus à la conclusion que tout ce comportement était probablement dû au fait que nous n'avions jamais donné à Michael l'occasion d'exprimer ses sentiments. Je me suis donc mis à lui dire certaines des choses dont nous avions parlé pendant nos séances, comme : « Ça te rend peut-être furieux de voir Maman s'occuper tout le temps du bébé — pour le changer ou le nourrir. » Et Kay lui a dit : « Parfois quand une maman a un bébé, les autres enfants pensent que leur maman ne les aime plus. Si jamais tu penses cela, viens tout de suite me trouver pour me le dire. Et je te ferai un câlin spécial. » Nous nous sommes aussi relayés pour lui consacrer des moments en tête à tête, loin du bébé.

Tout cela a bien arrangé les choses. Michael se conduit beaucoup mieux à la maison. A une réunion de parents, la maîtresse nous a dit : « Je n'arrive pas à y croire. Je ne sais pas ce qui est arrivé à Michael. Maintenant, c'est l'un de mes meilleurs élèves. Il est le premier en lecture ! »

L'histoire suivante met en scène une mère en train d'essayer d'appliquer son nouveau savoir-faire avec son fils de dix ans, Hal. Tant bien que mal, elle parvient à admettre ses sentiments, bien que ce qu'il dise la mette hors d'elle.

Quelques jours après notre dernier atelier, les enfants tardaient à revenir de l'école. Au point que je suis sortie pour aller au devant d'eux. J'ai vu alors Timmy (six ans) qui descendait la rue en pleurant convulsivement. Et quelques pas derrière lui, il y avait son frère Hal (dix ans).

Je me suis précipitée vers Timmy. En sanglotant, il m'a dit que Hal l'avait frappé du poing, l'avait fait tomber et lui avait donné des coups de pied.

Je voyais rouge. Je n'avais qu'une envie, gifler Hal, mais je me suis retenue. Au lieu de cela, j'ai pris Timmy dans mes bras en faisant de mon mieux pour le consoler. Quand il a été enfin calmé, je lui ai donné un goûter et il est sorti jouer.

Pendant tout ce temps, Hal rôdait dans le jardin en nous observant. Quand Timmy a été parti, il est venu me dire : « Quand vas-tu écouter ma version de l'histoire ? » Je lui ai dit : « Maintenant. » Alors il s'est mis à me raconter que dans le bus trois enfants avaient menacé de le tabasser et qu'il avait jeté son cartable et s'était enfui dans le bois pour leur échapper. Au moment où il avait pu sortir du bois en toute sécurité, il s'était aperçu que Timmy avait pris son cartable, et il n'avait pas le droit de le faire. Lui n'avait rien fait de mal en battant son frère, c'est Timmy qui l'avait « cherché ».

Hal avait de la chance que je sois allée à l'atelier. Je me suis forcée à dire : « Tu penses que parce que Timmy rapportait ton cartable à la maison tu avais le droit de le battre !

— C'est ça, il avait pratiquement hurlé. C'était *mon cartable* ! »

Je ne savais plus quoi dire. Alors je suis allée à la cuisine préparer le dîner. Un moment plus tard, Hal m'a rejointe pour rester debout en silence à côté de moi. Je l'ai regardé, et il a dit d'une voix basse : « Je veux dire quelque chose, mais je ne peux pas. »

Je lui ai dit que j'étais prête à l'écouter. Il est resté là, visiblement très malheureux, incapable de prononcer un mot. J'ai demandé : « Est-ce que tu pourrais l'écrire ? »

Il a pris un morceau de papier et a écrit : « Je pense que j'ai peut-être frappé Timmy trop fort. »

J'ai dit simplement : « Oh. »

Il restait là, toujours avec son air désolé. Je lui ai dit : « Tu es vraiment ennuyé, n'est-ce pas ? »

Il a hoché la tête. Et brusquement, dans un flot de paroles, il a exprimé tout ce qu'il avait éprouvé au cours de l'incident. Il était hors de lui... Les autres enfants lui avaient vraiment fait peur... et finalement : « Tu sais, Maman, si ces enfants ne m'avaient pas menacé, je n'aurais pas battu Timmy. »

J'ai dit : « Je vois. »

Pendant le reste de la soirée, Hal a paru se donner de la peine pour être gentil avec Timmy.

Un père nous présenta un constat tout à fait original de l'hostilité de sa fille envers son frère. Il lui fit exprimer ses sentiments non seulement au moyen des mots, mais encore il coucha ses mots sur le papier.

Hier soir, Jill se plaignait amèrement de son frère. J'ai essayé de lui dire que je comprenais, mais elle était si emportée par ses récriminations qu'elle ne m'entendait même pas. J'ai fini par prendre un crayon pour essayer d'écrire ce qu'elle disait :

1. Jill n'admet pas que Mark décroche le deuxième téléphone pour écouter ses conversations.

2. Elle ne peut pas supporter qu'il fasse du bruit à table en mâchant et qu'il se nettoie les dents avec sa fourchette. Ça la dégoûte.

3. Elle trouve qu'il n'a pas le droit d'entrer dans sa chambre sans frapper. Elle n'admet surtout pas qu'il rie quand elle lui crie de sortir.

Quand elle s'est arrêtée pour reprendre son souffle, je lui ai tout relu. Ça l'a beaucoup intéressée d'entendre ses propres mots. Je lui ai demandé s'il y avait encore quelque chose. C'était le cas. Elle a ajouté deux reproches que j'ai notés.

Je lui ai alors dit : « C'est Mark qui devrait voir cette liste. Mais, à mon avis, cinq critiques à la fois, c'est trop pour un seul homme. Est-ce que tu peux en choisir une ou deux, ce qui t'ennuie le plus ? »

Elle a relu la liste en silence, a souligné deux rubriques, et a mis le papier dans sa poche.

Je n'ai aucune idée de ce qui est arrivé par la suite. J'ai envie de le demander, mais il me semble qu'il vaut mieux rester en dehors.

Tout imprégnés de ce nouvel état d'esprit expérimental, les parents avaient hâte de voir ce qui arriverait s'ils permettaient aux enfants lésés d'obtenir de façon imaginaire ce qu'ils ne pouvaient leur donner en réalité. Ils furent parfois surpris des résultats.

Roy (cinq ans) vint me trouver en pleurant, et en débitant une longue litanie de malheurs. Billy lui avait fait ceci et cela, et l'avait chassé de sa chambre et l'avait traité de casse-pieds.

MÈRE

Cela a dû te faire de la peine. Tu aurais préféré qu'il te dise gentiment qu'il voulait rester seul.

ROY

(Ne dit rien, mais arrête de pleurer.)

MÈRE

Tu aurais préféré qu'il te dise : « Entre, Roy. On va jouer. »

ROY

Oui, et qu'il me laisse regarder dans son télescope.

MÈRE

Aussi longtemps que tu le voulais.

ROY

Et qu'il me donne quelques-uns de ses autocollants. Moi, si j'avais un petit frère, c'est ce que je ferais.

MÈRE

Tu sais bien quel genre de grand frère tu serais.

ROY

Oui. (Avec une inspiration soudaine.) Et si tu avais un bébé !

Je n'ai rien trouvé à ajouter à cette déclaration.

L'apprentissage de ces nouvelles techniques ne se fit pas sans difficulté : un des problèmes que devaient affronter les parents fut la tension qu'ils s'infligeaient à eux-mêmes en voulant tout le temps faire ce qu'il fallait, dire ce qu'il fallait. Heureusement ils eurent tôt fait de découvrir qu'avec les enfants on a toujours une deuxième chance. Voici comment un père changea de direction en plein milieu d'un sérieux accrochage.

Les préparatifs pour l'anniversaire de Liz (huit ans) provoquèrent chez Paul (onze ans) dépit et mauvaise humeur. Il refusa d'y participer en aucune manière. Lorsque sa mère lui demanda de ranger ses affaires qui traînaient au sous-sol, là où la fête devait avoir lieu, il répondit : « Fiche-moi la paix. » Cela m'a tellement contrarié que je lui ai dit qu'il était odieux et que je l'ai envoyé dans sa chambre. Il y est allé en faisant exprès de claquer sa porte de toutes ses forces.

Je ne pouvais pas croire qu'il se conduisit de façon aussi puérile. Il avait quand même onze ans. Je me suis alors rendu compte que, même à son âge, toute cette excitation, tout ce remue-ménage pour Liz avaient dû l'affecter. Le temps d'arriver à sa chambre, je me sentais plus tolérante.

Je lui ai dit : « Je devine qu'à la longue ça peut devenir agaçant de n'entendre que " fête, fête, fête " pendant toute une semaine. Surtout quand son propre anniversaire est si éloigné.

— Cinq mois » a-t-il rétorqué d'un ton excédé.

Je dis : « Je pensais que c'était six. »

Il a compté sur ses doigts : « Avril, mai, juin, juillet, septembre.

— Et août ? ai-je demandé.

— Oh non. J'ai oublié août. Stupide mois d'août ! Ça fait encore plus long ! »

Je dis : « Je parie que tu voudrais pouvoir mettre octobre dès le mois prochain, pour commencer tout de suite à organiser ton anniversaire. »

Il a souri pour la première fois de la journée. Après quelques mots encore dans cet esprit, je l'ai laissé.

Quelques minutes plus tard, il était au sous-sol et sifflotait en rangeant pour l'anniversaire de Liz.

L'idée de canaliser les sentiments négatifs que les enfants éprouvaient réciproquement vers un autre mode d'expression fut lente à emporter l'adhésion du groupe. Une femme nous avoua que les rares fois où elle avait incité ses enfants à écrire ou à dessiner, ils avaient refusé. Alors on entendit la remarque suivante : « Puisque les enfants ont tendance à copier la conduite de leurs parents, la prochaine fois où vous serez en colère, vous n'avez qu'à vous asseoir devant eux pour dessiner ou écrire ! »

La femme écouta poliment, mais ne parut pas convaincue. Néanmoins, au cours de la séance suivante, elle raconta ce qui était arrivé quand elle avait mis en pratique ce conseil.

Le jour qui suivit notre dernière réunion, mon poste de télévision s'arrêta net. J'ai donc téléphoné au réparateur le plus proche qui est tout de suite arrivé. En moins de temps qu'il ne faut pour le dire, il a diagnostiqué le problème : la prise ne tenait plus. Il lui a donné une pichenette et le poste s'est rallumé. Je me sentais vraiment idiote.

Et puis il a fait sa facture, me comptant un dépannage complet, avec la TVA en plus ! J'ai tenté de le faire changer d'avis, mais il a refusé de m'écouter. Et en partant, il s'est retourné pour me lancer : « N'en faites pas une maladie. Ça n'en vaut pas la peine ! »

Je voulais lui envoyer une bonne insulte, mais les enfants étaient là, qui m'observaient. J'ai saisi un bloc et ai écrit en haut de la page :

Je suis FURIEUSE !!!
Je déteste cet homme. C'est un voleur.
Un minable escroc.
Je ne l'appellerai jamais plus.
Je raconterai aux voisins ce qu'il m'a fait.

Et j'ai fait un affreux dessin le représentant avec la langue pendante et des billets de banque à la place des yeux.

Je me sentais mieux. Je n'ai pu m'empêcher de rire devant mon horrible dessin. Lorsque mon mari est rentré, les enfants n'avaient qu'une hâte : lui raconter ce qui était arrivé.

Il a d'abord été plutôt contrarié, mais quand il a vu le dessin, il a fini par rire lui aussi.

C'est ainsi que les choses ont débuté. Depuis mes enfants n'arrêtent pas d'écrire ou de dessiner. Voici ce que mon fils de dix ans a tapé à la machine à propos de son frère aîné.

LISTE DES DÉFAUTS D'ALEX

1. Stupidité
2. Bêtise
3. Idiotie
4. Débile mental
5. Toujours en train de se moquer
6. Méchant
7. Bon à rien
8. Bourré
9. Cinglé
10. Complètement gaga.

CONCLUSIONS

Si vous rencontrez Alex vous allez le détester tout de suite. Information confidentielle.

Le service secret

Et voici le dessin que ma fille m'a apporté, un beau matin. Elle m'a dit : « Alex a fait exprès de casser mon crayon rouge. Ce dessin te montre comme je suis en colère. »

Deux des parents du groupe étaient confrontés à un problème particulièrement difficile. Chacun avait un enfant qui s'attaquait à son cadet pour lui faire du mal. Tous deux s'appliquaient à mettre en pratique toutes les nouvelles techniques, pourtant celle qu'ils utilisaient le plus était : « Dis-le avec des mots ! »

Les mots exprimés étaient violents, souvent effrayants pour les parents, mais le nombre des agressions diminua de façon spectaculaire.

> J'entendais les enfants se disputer dans la chambre de Christine. Leurs voix sont devenues très bruyantes. Hans est sorti en trombe de la pièce et a regagné sa chambre.
>
> Il est revenu pour dire à Christine : « Tu sais à quel point je suis en colère contre toi ? Je suis si en colère que je voudrais te faire des trous, exactement comme je fais dans ce papier. (Je pouvais entendre le crayon déchirer le papier.) Je ne te le fais pas. Mais bon sang ! qu'est-ce que j'aimerais que tu sois ce papier ! »

C'était vraiment pour Hans un progrès spectaculaire. Deux semaines plus tôt, il l'aurait vraiment blessée.

Lori (sept ans) est incapable de se contrôler. Il suffit que son frère la regarde en louchant pour qu'elle le roue de coups.

Hier, comme je roulais à cent à l'heure sur l'autoroute, elle a recommencé.

LORI

(Cris perçants) Jason m'a donné un coup dans l'œil avec son moulinet !

JASON

C'est pas vrai !

LORI

Menteur !

JASON

Je n'ai pas fait exprès. Je le faisais juste tourner.

Je vis Lori dans le rétroviseur, le poing dressé, prête à frapper.

MOI

Oh Lori, tu dois souffrir. Un coup dans l'œil ça peut faire mal, même si c'est un accident. Pas étonnant que tu sois furieuse. Dis à Jason ce que ça te fait.

Lori l'a traité de tous les noms, mais du moins, elle ne l'a pas touché. A mon grand étonnement.

Certains parents étaient impressionnés par les progrès de ces enfants, pourtant d'autres ne supportaient pas qu'ils se parlent de façon aussi menaçante. Après discussion, nous en vînmes à la conclusion que la meilleure façon d'aider un enfant à progresser vers un niveau de discours plus civilisé, c'était de lui montrer l'exemple. Si nous, parents, nous avions l'intention d'insister pour que les enfants trouvent une alternative aux injures ou aux coups, nous aussi il nous fallait trouver cette alternative. Voici ce que fit un père.

J'ai trois filles adolescentes, et tous, nous recourons facilement aux injures. Ma femme et moi traitons nos filles de tous les noms, et elles font la même chose entre elles. Après la séance de la semaine dernière, nous nous sommes rendu compte qu'il fallait cesser. Et l'autre soir, quand deux des filles se sont disputées pour de la glace et que l'une a dit : « Espèce de cochon... », j'ai dit : « Une minute. Votre mère et moi nous avons eu une idée. Si vous voulez bien, asseyons-nous tous pour en discuter. »

Quand tout le monde fut assis, j'ai dit : « Vous savez, toutes ces injures, cela nous fait à tous beaucoup trop de mal. Nous vous faisons de la peine, vous vous faites de la peine, et nous allons essayer d'y mettre un terme. On tourne la page ! »

Il n'y eut pas grande réaction, juste : « D'accord Papa, très bien... On va s'arrêter. » Mais ce qui est positif, c'est que maintenant le processus est enclenché. Désormais, quand elles commencent à se disputer et qu'il y en a une qui dit : « Sors de ma chambre, débile », au moins je peux intervenir et dire : « Eh ! tout le monde est d'accord sur un point, plus d'injures ! Je me retiens et vous aussi vous devez vous retenir. Dis-lui plutôt ce qui te contrarie. » Et en moins de temps qu'il n'en faut pour le dire, le dialogue est rétabli.

Et mes filles font la même chose quand je perds mon sang-froid. Elles disent : « Papa, je croyais que tu avais dit qu'il ne fallait plus employer d'injures. » Et je leur réponds : « Tu as raison... Tu as raison. Excuse-moi. J'étais furieux... D'accord, je n'aime pas que... »

C'est peu de chose, mais cela fait toute la différence.

L'histoire suivante nous a été racontée par une mère qui avait l'habitude de donner la fessée à son fils de cinq ans quand celui-ci ennuyait le bébé. Cette fois, elle avait tenté une approche différente.

J'avais passé une très mauvaise matinée, avec les caprices de mes deux enfants. Je revenais à la maison après mes courses, et j'étais soulagée de constater que le bébé avait fini par s'endormir dans la voiture. Cela allait me donner le temps de décharger avant le biberon. Pendant que je rangeais mes achats d'épicerie, Philip n'arrêtait pas de geindre et de récriminer. Je lui ai demandé de sortir et de vérifier que Katie allait bien. Comme il ne revenait plus, je suis sortie à mon tour pour voir ce qui se passait. Le bébé était en train de pleurer et Philip lui faisait tourner sa crécelle juste sous le nez. Je lui ai demandé s'il l'avait réveillée, et il a dit oui. Il était furieux qu'elle dorme aussi longtemps.

J'ai fait tous les efforts possibles pour garder mon calme et ne pas lui donner de fessée. Au lieu de cela, j'ai rabattu le fauteuil de la voiture avec violence, et en criant que j'étais en colère. Puis j'ai pris le bébé et l'ai emportée à la maison.

Philip ne rentrait pas. Il s'était enfermé dans la voiture pour se punir lui-même. Je me suis dit : « Bien. Il n'a qu'à rester là ! »

Une dizaine de minutes plus tard, il est rentré et s'est mis à me dire qu'il se détestait. A ce moment, je m'étais calmée.

« J'ai l'impression que nous avons un problème, dis-je. Il faut en discuter. » Nous nous sommes assis à la table de la cuisine. « Parfois tu aimes le bébé, et parfois sa présence te rend furieux — vraiment très furieux. »

Il acquiesça de la tête.

« Voyons comment nous pouvons améliorer la situation. »

Avant que je puisse ajouter un mot, il s'est exclamé : « Chaque fois que je suis furieux, tu devrais m'obliger à rester loin de Katie, parce que je passe toute ma colère sur elle. »

Je n'en revenais pas qu'il soit à ce point conscient de ses sentiments. Je ne savais pas qu'un enfant de cinq ans était capable de s'exprimer de cette façon. Depuis ce moment, nous nous sommes arrangés pour éviter beaucoup de problèmes potentiels. Quand, en voiture, il se sent de mauvaise humeur, il demande à changer de place. Quand Katie l'ennuie, je lui suggère d'aller jouer dans une autre pièce.

Le dernier incident que voici nous fut raconté par une femme qui avait l'habitude d'assister à nos réunions en silence. En entendant son récit, je pensais au leitmotiv de la psychologue Dorothy Baruch : les bons sentiments ne peuvent apparaître qu'une fois que les mauvais s'en sont allés.

> Depuis toujours, je sentais bien que Melissa (sept ans) était un peu jalouse de sa sœur (trois ans). Non pas qu'elle fut méchante avec elle. Elle ne la bat pas, elle ne lui fait aucun mal. Seulement, en quelque sorte, elle fait comme si elle n'existait pas. Mais avec Melissa, c'est difficile de savoir. Elle n'est pas du genre à raconter ce qui la perturbe. Elle me ressemble beaucoup.
>
> Bref, après la séance de la semaine dernière, et pendant que la petite faisait la sieste, j'ai demandé à Melissa de venir s'asseoir sur le canapé avec moi. J'ai mis mon bras autour de ses épaules, et lui ai dit : « Je suis contente que nous puissions être seules toutes les deux, parce que cela fait très longtemps que je n'ai pu te parler en tête à tête. J'ai réfléchi... Parfois, ça doit être vraiment pénible pour toi d'avoir une petite sœur. Tu es obligée de tout partager avec elle : ta chambre, tes jouets — même ta mère. »
>
> On aurait dit un barrage qui sautait. Elle ne pouvait pas s'arrêter de parler et je n'en croyais pas mes oreilles. Elle disait des choses si terribles. Combien elle détestait sa sœur ! Combien parfois elle souhaitait qu'elle meure. J'étais au bord de la nausée. Heureusement le téléphone a sonné, car je ne sais pas si j'aurais pu en supporter beaucoup plus.
>
> Le soir, quand je suis montée dans la chambre des enfants, j'ai eu l'impression de ne plus voir clair. Elles étaient allongées toutes les deux dans le même lit, dormant dans les bras l'une de l'autre !

Quand chacun eut fini de raconter ou de lire son histoire, nous nous regardâmes les uns les autres avec étonnement. Il y avait là un phénomène aussi étrange que poignant. Un paradoxe, semblait-il, et tellement déconcertant :

Si on insiste pour que les enfants s'aiment, ils finissent par se détester.
Si on permet aux enfants de se détester, ils finissent par s'aimer.

Un chemin tortueux vers l'harmonie entre frères et sœurs. Et pourtant le plus direct.

3

Les dangers de la comparaison

Jusqu'alors, nous avions parlé des sentiments violents de rivalité que les enfants introduisaient tout seuls, sans l'intervention des adultes, dans leurs rapports fraternels. Je commençai notre troisième séance en demandant aux participants s'ils avaient une idée de la façon dont nous, les adultes, nous pouvions éventuellement entretenir cette rivalité.

Quelqu'un s'exclama : « Nous faisons des comparaisons ! »

Pas de discussion sur ce point. Tout le monde parut d'accord : en faisant des comparaisons, nous attisions sans conteste la rivalité. Néanmoins, je pensais qu'il serait intéressant pour nous de découvrir ce que cela faisait d'être comparé, du point de vue de l'enfant.

« Imaginez que vous êtes mes enfants, dis-je, et faites-moi connaître votre réaction viscérale à ces déclarations :

« “ Lisa se tient parfaitement bien à table. Jamais on ne la surprend à manger avec ses doigts. ”

« “ Comment peux-tu laisser ta dissertation pour la dernière minute ? Ton frère s'arrange toujours pour faire son travail en avance. ”

« “ Pourquoi n'es-tu pas aussi soigneux que Gary ? Il est toujours tellement net — les cheveux courts, la chemise rentrée. Il fait plaisir à voir. ” »

La réaction fut immédiate :

« Je vais pousser Gary dans la boue ! »

« Je ne peux pas le sentir. »

« Tu aimes toujours les autres mieux que moi. »

« Tout ce que je fais, c'est mal. »

« Tu ne m'aimes pas pour moi-même. »

« Je n'arriverai jamais à être telle que tu le souhaites, alors pourquoi essayer ? »

« Si je ne peux pas réussir à être la meilleure, je réussirai à être la pire. »

J'étais saisie par l'intensité de la colère et du désespoir que leurs réponses traduisaient. Cette dernière déclaration, en particulier, me fit l'effet d'un choc. Est-ce que certains enfants décident de se surpasser dans le mal faute de pouvoir le faire dans le bien ?

Des personnes ne tardèrent pas à confirmer cette hypothèse à l'aide d'exemples tirés de leur expérience personnelle. Et quelqu'un évoqua le président Jimmy Carter et son incorrigible frère, Billy. Nous nous mîmes tous à rire, au souvenir de ses bouffonneries. Billy avait sans doute réussi à être le pire.

Une femme hocha la tête. « Cela ne se passe pas toujours de cette façon, dit-elle. Certains enfants n'ont pas vraiment le goût de la compétition. Ils renoncent. Ça a été mon cas. Ma mère m'a tellement fait savoir, et de tant de façons, combien ma sœur Dorothy était extraordinaire, et combien j'étais empotée comparée à elle, que je me demandais toujours pourquoi elle m'avait eue, pour commencer. La meilleure chose que j'ai jamais faite a été de mettre des milliers de kilomètres entre elles, ma mère et ma sœur, et moi.

« Même maintenant, je redoute l'époque des vacances, parce que ma mère en profite encore pour me dénigrer. A peine m'a-t-elle aperçue qu'elle commence : “ Tes cheveux sont un peu ternes, mon chou. Tu devrais peut-être te faire faire un rinçage, comme Dorothy ”... “ Comment est-ce que Jennifer et Allen travaillent à l'école ? Les enfants de Dorothy sont tous dans les meilleures classes ”... “ Dorothy vient de se trouver un travail avec un salaire fantastique. Ta sœur est vraiment une gagnante. ” Je mets des semaines à me remettre de ces visites. »

Un murmure de sympathie traversa la pièce. « Mon père n'arrêtait pas de comparer mes deux frères aînés, dit un homme d'un air morose. Papa est mort quand nous étions encore adolescents, mais mes frères ont repris les choses à la place exacte où mon père les avait laissées. C'est incroyable. L'un a quarante-trois ans, l'autre quarante-sept. D'une certaine façon, ils savent que ce qu'ils font est ridicule, mais ils ne peuvent pas s'en empêcher. Ils essaient même de se surpasser l'un l'autre avec leur maladie rénale. Qui est le plus atteint. Qui a le traitement le plus lourd. Quelle est la façon la plus correcte d'effectuer le traitement. Ils sont tous deux sous dyalise, et chacun essaie de prouver que son traitement est meilleur. Des hommes adultes ! »

« Est-ce que nous ne sommes pas en train de sortir du sujet ? intervint une femme. Ces exemples sont tous bien excessifs. Je compare mes garçons de temps en temps, mais je doute fort que cela leur cause un préjudice durable. »

Le groupe me regarda.

Je la regardai.

« En quelles circonstances faites-vous des comparaisons ? » demandai-je.

« Je n'en fais pas tout le temps », dit-elle, sur la défensive.

« Mais quand ? » insistai-je.

Elle réfléchit un moment. « Eh bien ! je ne suis même pas sûre que l'on puisse appeler cela des comparaisons. C'est plutôt une façon de les motiver. Par exemple, je peux dire à Zachary : “ Alex se met tout de suite à son travail le soir. Papa et moi, nous n'avons jamais besoin de le harceler. ” Je ne dirais jamais : “ Pourquoi ne peux-tu pas *faire* comme Alex ? ” »

La sœur de Dorothy intervint immédiatement. « Ce n'est pas nécessaire, dit-elle avec véhémence. Soyez sûre que Zachary reçoit le message cinq sur cinq : son frère agit bien, et lui, il agit mal.

— Mais je ne passe pas mon temps à prendre Alex comme modèle, protesta la femme. Il m'arrive de féliciter Zachary, de lui dire que pour certaines choses il est meilleur qu'Alex. Je lui dis par exemple qu'il est bien plus habile de ses mains que son frère, qu'Alex est très maladroit.

— C'est tout aussi mal ! explosa la sœur de Dorothy. C'est exactement ce que ma mère m'a fait. Je me souviens du jour où elle m'a dit que j'étais plus “ ordonnée ” que Dorothy. Sur le moment, je me suis sentie folle de joie, mais après j'ai commencé à m'inquiéter pour de bon. Étais-je capable de continuer dans cette voie ? Et si oui, que se passerait-il si jamais Dorothy devenait ordonnée ? Que me resterait-il ? Je suis sûre que ma mère pensait me donner un coup de main, mais elle n'a fait qu'augmenter mon sentiment de rivalité à l'égard de ma sœur. » Elle s'arrêta un moment, paraissant se demander si elle allait continuer ou non. « Et à l'égard de tout le monde, ajouta-t-elle. Il m'a fallu une année de thérapie pour me rendre compte, qu'adulte, je continuais à me faire ce que ma mère m'avait fait, et combien je me rendais malheureuse, en me comparant en tous points avec les autres. J'étais tellement stupide. Parce que si on cherche, on trouve toujours quelqu'un qui réussit mieux telle ou telle chose que soi. Mon thérapeute avait à ce propos une phrase admirable : “ Ne vous comparez jamais aux autres. Cela vous rendrait ou prétentieux ou amer. ” Bref, d'après mon expérience, tout ce que je peux dire, c'est : évitez les comparaisons. Elles ne peuvent que vous rendre malheureux. »

La femme qui avait défendu son droit à la comparaison, perdit visiblement contenance. On ne pouvait mettre en doute la sincérité des mots que nous venions d'entendre ; ils avaient été prononcés avec l'autorité que confère la souffrance.

« C'est étrange, dis-je aux membres du groupe, lorsque mes enfants étaient petits, je m'étais jurée que jamais je ne les comparerais. Mais je l'ai quand même fait — encore et encore. »

Les gens me regardèrent d'un air surpris.

« J'entendais les mots sortir de ma bouche, continuai-je, et j'étais stupéfaite que ce soit moi qui les dise. Finalement, j'ai compris ce qui se passait. Je comparais mes enfants quand la colère me mettait hors de moi. (“ Pourquoi faut-il toujours que ce soit toi qui fasses attendre toute la famille ? Ton frère est depuis dix minutes dans la voiture. ”) Je les comparais aussi quand j'étais éperdue de satisfaction. (“ C'est fantastique ! Ton grand frère a passé une heure là-dessus, et toi tu as compris en deux minutes ! ”) Dans les deux cas, je n'obtenais qu'un seul résultat : des problèmes.

« Voici ce qui m'a permis de sortir de l'engrenage. Chaque fois que j'étais tentée de comparer un enfant à l'autre je me disais : “ ARRÊTE ! NE FAIS PAS CELA ! Quoi que ce soit que tu veuilles dire à cet enfant, tu peux le lui dire directement, sans aucune référence à son frère. ” Le mot-clef est : *décrire*. Décrivez ce que vous voyez. Ou décrivez ce qui vous plaît. Ou décrivez ce qui vous déplaît. Ou décrivez ce qu'il faut faire.

L'important c'est de s'en tenir à ce qui concerne la conduite de cet enfant-là. Ce qu'est — ou ce que n'est pas son frère — n'a rien à voir avec lui. »

Je distribuai les dessins suivants pour que tous voient les différentes façons d'agir.

ÉVITEZ LES COMPARAISONS DÉFAVORABLES

Au lieu de...

Décrivez le problème

Au lieu de...

Décrivez le problème

Au lieu de...

Décrivez le problème

ÉVITEZ LES COMPARAISONS FAVORABLES

Au lieu de...

Décrivez ce que vous voyez ou éprouvez

Au lieu de...

Décrivez ce que vous voyez ou éprouvez

Au lieu de...

Décrivez ce que vous voyez ou éprouvez

Pendant que nous étions en train d'étudier les bandes dessinées ensemble, il y eut de nombreux commentaires spontanés. La plupart se rejoignaient, car tout le monde prenait conscience que même une comparaison favorable pouvait faire du mal. Plusieurs personnes dirent qu'elles voyaient bien en quoi ce genre de « compliment » pouvait donner à un enfant un intérêt matériel à rabaisser l'autre. J'allai passer au sujet suivant quand je remarquai quelques physionomies contrariées.

« Quelque chose vous tracasse ? » dis-je.

En fait, il y avait de nombreuses choses qui les tracassaient. Je tentai de répondre à leurs préoccupations.

« Nous vivons dans une société où règne l'esprit de compétition. Un enfant n'a-t-il pas besoin de compétition à la maison pour se préparer à se défendre dans le monde extérieur ?

« Si par " se défendre " vous voulez dire être capable d'agir de façon compétitive, de se faire respecter et d'arriver au but que l'on s'est fixé — tout cela peut s'apprendre dans un environnement qui encourage la coopération. Pour moi, le plus grand avantage qu'il y a à être élevé dans un climat de coopération, c'est ce qu'on en retire : davantage de respect pour les autres, davantage de confiance en soi.

« Mais la compétitivité n'a-t-elle aucun avantage ?

« Si elle peut aussi être un stimulant à la réussite, mais il faut en payer le prix. Des études faites dans le cadre scolaire ou professionnel ont démontré que les sujets soumis à une intense concurrence avaient tendance à présenter des symptômes physiques : maux de tête, d'estomac, douleurs du dos. Et des symptômes psychologiques ; ils deviennent plus anxieux, plus soupçonneux, plus hostiles. Faisons en sorte que notre foyer soit à l'abri de ce genre de stress.

« Je ne fais jamais de comparaisons, mais il suffit que je dise à ma fille quelque chose de gentil à propos de mon fils, et elle réagit juste comme si je l'avais comparée à lui. " Tu trouves qu'il est mieux que moi. " Je ne la comprends pas.

« Les enfants ressentent souvent un compliment fait à propos d'un frère ou d'une sœur comme une dévalorisation d'eux-mêmes. Automatiquement, ils traduisent : " Ton frère est gentil " par " Maman pense que moi je ne le suis pas ". Il serait judicieux de réserver nos commentaires enthousiastes pour l'oreille de l'enfant qui les mérite.

« Mais que faites-vous quand un enfant vous raconte qu'il a fait quelque chose de spécial et que tous les autres sont là à écouter ?

« Ça, c'est un problème. L'enfant est excité par ce qu'il a accompli, il ne faut pas le priver de son dû. Et pourtant il faut tenir compte des sentiments des autres. Vous ne ferez jamais d'erreur en décrivant ce que l'enfant peut selon vous ressentir (" Tu dois vraiment être fier de toi ") ou ce que l'enfant a réussi (" Cette médaille tu l'as obtenue à force d'entraînement et de persévérance ").

« L'important c'est de ne pas ajouter : " Je suis tellement contente, j'ai vraiment hâte de le dire à Papa et aux voisins ". L'émotion et l'enthousiasme que provoque en vous le succès d'un enfant doivent être réservés pour le moment où vous serez tous les deux seuls ensemble. C'est plus que ne peuvent en supporter les frères et sœurs.

« Mais il y a des occasions où on ne peut éviter la présence des autres enfants, par exemple le jour des bulletins scolaires. Chez moi, les deux enfants se bousculent pour me présenter leur bulletin exactement au même moment. La semaine dernière, mon fils n'avait qu'une hâte, me montrer son B en maths (il avait eu C la fois précédente) et tandis que je faisais " Oh " et " Ah " devant ses progrès, sa sœur nous fit remarquer qu'elle avait eu A. D'un seul coup, toute la joie de mon fils s'évanouit. Son B n'avait plus aucune valeur.

« Vous pouvez dire fermement aux enfants : " Pas de concours de bulletin ici ! Ce que vous m'apportez, c'est le bilan de votre travail et de votre conduite au cours des six dernières semaines. Je veux m'asseoir un moment avec chacun de vous individuellement, pour voir ce que dit votre maîtresse, et écouter ce que vous pensez de vos progrès. "

« Mais comment empêcher les enfants de comparer leurs bulletins quand je ne suis pas là ?

« C'est impossible. Et ce n'est pas nécessaire. S'ils veulent se montrer leur bulletin, c'est leur affaire. Ce qui est important, c'est qu'ils sachent que Maman et Papa les considèrent comme des individus distincts, et qu'ils n'éprouvent pas le besoin de comparer leurs notes. »

Apparemment, il n'y avait plus de questions. J'essayais de préparer un résumé lorsque j'aperçus la main d'une femme qui me faisait signe. Dès qu'elle vit qu'elle avait attiré mon attention, elle commença sans ambages :

« Si mes enfants se bornaient à comparer leurs notes, je serais ravie. Mais ils comparent tout, toute la journée, jusqu'à leur nombril : “ Le mien est en dedans... le tien est en dehors. » Et ils ne cessent de surveiller avec inquiétude ce que l'autre a : “ La sienne est mieux... le sien est plus beau... Tu lui as acheté ça ? Pourquoi est-ce que tu n'en as pas pris un pour moi ? ” Je n'arrête pas de chercher à rétablir l'égalité. Ils m'ont tellement embêtée que si j'achète une paire de chaussettes pour Gregory, j'en achète aussi pour Dara, même si elle n'en a pas besoin. »

Je parcourus la salle du regard. « Et naturellement dis-je, personne d'autre dans l'assistance n'a ce problème. Aucun d'entre vous n'a d'enfants qui passent leur temps à comparer et à réclamer pareil que l'autre. »

On entendit des soupirs et des rires.

« Mesdames et messieurs, annonçai-je, vous allez bientôt être délivrés d'un lourd fardeau. La semaine prochaine, lorsque nous reviendrons, nous tenterons de démolir le mythe selon lequel les enfants doivent être traités de la même façon. Entre-temps, voyez ce que vous apportent vos efforts pour éviter les comparaisons. »

Bref rappel...

RÉSISTEZ A LA TENTATION DE COMPARER

Au lieu de comparer défavorablement un enfant à l'autre (« Pourquoi ne peux-tu pendre tes vêtements comme ton frère ? ») ne parlez à l'enfant que de ce qui vous déplaît dans sa conduite :

Décrivez ce que vous voyez
« Je vois une veste toute neuve par terre »

ou

Décrivez ce que vous ressentez
« Cela me contrarie. »

ou

Décrivez ce qu'il faut faire
« La place de cette veste est dans la penderie. »

Au lieu de comparer favorablement un enfant à un autre (« Tu es tellement plus ordonné que ton frère »), ne parlez que de ce qui vous satisfait dans sa conduite :

Décrivez ce que vous voyez
« Je vois que tu as pendu ta veste. »

ou

Décrivez ce que vous ressentez
« Ça me fait plaisir. J'aime que l'entrée soit bien rangée. »

LES RÉCITS

Le simple fait de ne pas comparer un enfant à un autre se révéla plus ardu que la plupart des gens ne le croyaient. Les parents qui présentèrent un compte rendu au groupe paraissaient très satisfaits d'eux-mêmes, non seulement à cause de ce qu'ils avaient fait, mais aussi de ce qu'ils s'étaient retenus de faire.

> Kay donnait le biberon au bébé dans la chambre. J'ai dit à Michael de venir à la cuisine avec moi et je lui ai demandé ce qu'il désirait pour déjeuner. Il s'est mis à pleurnicher : « Je ne sais pas ce que je veux... Je voudrais être un bébé. Les bébés, on leur fait tout. Ils ne doivent pas s'habiller tout seuls... ils ne doivent pas se laver tout seuls... ils ne doivent pas décider ce qu'ils vont manger. »
>
> En temps normal, ces paroles auraient déclenché chez moi tout un discours pour déprécier le bébé et par là même flatter Michael, quelque chose dans le genre : « Oui, mais le bébé ne sait pas parler, ni marcher et il doit porter des couches. » Mais j'avais toujours en tête la séance de la semaine dernière, et j'ai simplement essayé de lui montrer que je l'écoutais, lui. Et le résultat c'est que nous avons eu une conversation vraiment agréable :
>
> PAPA
>
> Tu trouves que les bébés n'ont rien à faire et que c'est amusant d'être un bébé ?

MICHAEL

Oui. Papa, tu voudrais être un bébé, oui ou non ?

PAPA

(Plaisantant) Je voudrais être un astronaute.

MICHAEL

Ce n'est pas ce que je te demande. Si tu pouvais, est-ce que tu choisirais d'être un bébé ou non ?

PAPA

Je choisirais d'être ce que je suis.

MICHAEL

Pourquoi ?

PAPA

Je peux faire plus de choses qu'un bébé. Je peux faire plus de choix, prendre plus de décisions.

MICHAEL

Tu veux dire que si tu n'aimes pas le rose tu n'es pas obligé de t'habiller en rose ?

PAPA

Oui.

MICHAEL

Tu aimes le bleu ou le vert ?

PAPA

Parfois j'aime le bleu, et parfois j'aime le vert. Pour l'instant j'aime le bleu.

MICHAEL

(Un moment pensif) Pour l'instant je veux un sandwich au beurre de cacahouète et à la confiture.

John m'a téléphoné hier soir de la fac, et il semblait heureux. Il dit : « Je viens d'avoir les résultats des partiels, et bien sûr, ce ne sont pas les notes de Karen, mais... »

Je faillis l'interrompre avec mon habituel discours :

« Oui, mais tu sais comme elle travaille dur, et toi tu as toujours fait passer le sport en premier, et naturellement tu ne peux espérer... bla, bla, bla. »

Puis j'ai pensé : « Non, cette fois je vais dire : " Qu'est-ce que Karen a à voir avec toi ? Je m'intéresse à toi en tant que toi, et pas en comparaison avec ta sœur. " » Puis, j'ai pensé : « Non. Pourquoi parler de Karen ? Alors je me suis contentée de dire : " Paul, tu parais vraiment content. Tu dois avoir de bons résultats à tes partiels. " »

Et nous avons parlé de ses cours, et de ce qu'il compte choisir le semestre prochain, et pas une fois nous n'avons mentionné Karen.

C'est l'heure du coucher.

MOI

Allen ! Jennifer ! Au lit. Les pyjamas et les dents. (Allen se lève pour obéir.)

JENNIFER

(Pleurnichant) Non, je ne veux pas.

MOI

C'est l'heure de se préparer à aller au lit.

JENNIFER

Non, tu n'as qu'à y aller toi.

MOI

(Furieuse et vexée, avec l'envie de crier : « Pourquoi ne peux-tu y mettre un peu de bonne volonté, comme ton frère ?!!! » Mais je me ravise, et je vais dans la chambre d'Allen pour me calmer.) Jennifer me suit. Allen est tout prêt pour dormir.

MOI

(A Allen) Tu es tout prêt. Quand tu as entendu que c'était l'heure de se coucher, tu es tout de suite allé enfiler ton pyjama et te brosser les dents. Tu m'as bien rendu service. (Remarquez, pas un mot à Jennifer.)

En prime : Jennifer est allée se préparer sans plus de façons.
et en plus :

ALLEN

(De sa chambre) Ne te donne pas la peine de sortir mes vêtements demain. Je les ai déjà préparés. J'aime te rendre service.

MOI

Merci Allen. (A Jennifer) Je vois que tu es prête pour dormir. (Remarquez, je n'ai pas dit : Toi aussi.)

Jennifer paraît fière d'elle.

Matthew (onze ans) passe son temps à se mesurer à son frère aîné, et en sort à chaque fois plus petit et moins capable. Pourtant au cours du week-end dernier, il a réussi à surpasser toute la famille. Dimanche matin, notre tondeuse électrique a rendu l'âme. Matthew nous a entendus, son père et moi, nous plaindre qu'une tondeuse neuve allait alourdir nos dettes. Quelques heures plus tard, il est arrivé devant la maison avec une vieille tondeuse mécanique qu'il avait achetée trois dollars à une brocante, avec ses propres économies.

Je n'en revenais pas. J'étais tellement excitée que j'ai failli lui dire que personne dans la famille n'avait eu cette idée. Ni moi ; ni son père ; et encore moins son frère qu'il trouvait si génial. Voilà ! C'était la preuve qu'il était aussi capable, sinon plus, que son frère.

Vous n'avez aucune idée de ce qu'il m'a fallu comme force de caractère pour me borner à la description de son action. J'ai dit : « Matt, tu as bien vu comme nous étions ennuyés, Papa et moi, à la perspective d'acheter une nouvelle tondeuse. Tu as réfléchi à la manière dont tu pouvais nous aider, et tu as réussi à trouver une tondeuse mécanique qui marche. Et pour trois dollars ! »

Matthew rayonnait à mes paroles. Puis il a bombé le torse et s'est exclamé : « Je suis vraiment un type plein de ressources ! »

4

Donner la même chose, c'est donner moins

C'était notre quatrième séance.

Comme j'ouvrais la porte de notre salle de réunion, j'entendis des éclats de rire. Plusieurs femmes qui étaient arrivées en avance se tenaient ensemble et, de toute évidence, se racontaient quelque chose de très drôle. Dès qu'elles me virent, elles me firent des signes. Elles avaient apparemment parlé de la question posée à la fin de notre dernière réunion, à savoir si les enfants pouvaient être traités avec égalité, et elles avaient mis sur le tapis quelques exemples comiques de ce qui peut arriver à un parent décidé à être juste à tout prix.

Je les arrêtai avant qu'elles aient fini de me raconter leurs expériences burlesques. « N'allez pas plus loin, dis-je, tout cela est beaucoup trop bon pour que les autres le manquent. » Dès que tout le groupe fut rassemblé, je demandai à ces femmes de raconter à nouveau leurs histoires. Les voici, du mieux que je m'en souvienne.

Pourquoi n'y a-t-il pas un vilain Roy Goat ?

J'étais blottie sur le canapé avec mes deux garçons, Billy et Roy, et je leur lisais un livre que nous venions de prendre à la bibliothèque. C'était la première fois qu'ils entendaient le conte du vilain Billy Goat[1] et du nain sous le pont.

1. Goat en anglais signifie chèvre ; billy goat, bouc. L'enfant pense à tort qu'il s'agit d'une chèvre nommée Billy, comme son frère. (*N.d.T.*)

L'histoire leur plaisait beaucoup à tous deux, mais à la fin, Roy a éclaté en sanglots : « Pourquoi est-ce qu'on parle toujours de Billy ? Pourquoi est-ce qu'il n'y a pas un vilain Roy Goat ? » dit-il au milieu de ses larmes.

Je promis de trouver une histoire avec un Roy, mais il n'y avait pas moyen de le consoler. Peut-on imaginer chose pareille ? Je ne peux même pas lire un conte de fées sans faire attention à ce que chaque garçon soit sur un pied d'égalité.

La coupe de cheveux

Quand j'étais petite, j'avais des cheveux bruns, très fins et difficiles à coiffer, alors que ma sœur possédait une splendide crinière dorée qui lui tombait jusqu'à la taille. Mon père faisait très grand cas de ses cheveux. Il l'appelait sa « Rapunzel[1] ».

Une nuit, pendant que ma sœur dormait, j'ai pris les ciseaux de couture de ma mère, et suis allée jusqu'à son lit sur la pointe des pieds ; j'ai coupé tous les cheveux que j'ai pu sans la réveiller. Le matin suivant, ma sœur s'est regardée dans la glace et a poussé un cri perçant. Ma mère s'est précipitée, et à ce spectacle est devenue folle de rage. J'ai essayé de me cacher, mais ma mère m'a trouvée. Elle a poussé des hurlements et m'a frappée. Elle a dit qu'en punition je devrais rester toute la journée dans ma chambre à réfléchir à ce que j'avais fait. J'imagine que j'avais bien quelques remords, mais pas tellement, car enfin, ma sœur et moi, nous étions à égalité !

La coupe de cheveux II

Dans ma famille, c'était moi qui avais les beaux cheveux, et ma mère était celle qui voulait de l'égalité à tout prix. Elle

1. Rapunzel était une princesse, dotée d'une chevelure magnifique, que son père avait enfermée dans une tour. La nuit, elle laissait tomber ses cheveux de sa fenêtre, et grâce à cette corde improvisée, le prince dont elle était amoureuse pouvait la rejoindre. Un soir, son père surprit son manège et coupa ses cheveux. (Conte allemand) (*N.d.T.*)

était déterminée à ce que ma sœur et moi soyons traitées de la même façon afin qu'il n'y ait aucune cause de jalousie entre nous.

Un jour, elle décida que puisque ma sœur n'avait pas les cheveux bouclés, je n'y avais pas droit non plus. Elle m'a emmenée chez le coiffeur pour qu'il coupe toutes mes boucles. Je ressemblais à un poulet plumé. J'ai passé toute la journée à pleurer, encore et encore, sans vouloir adresser la parole à quiconque. Encore maintenant j'ai de la peine à pardonner son geste à ma mère.

Les mêmes chances au départ

A la naissance de mon premier enfant, j'avais envie d'allaiter, mais je n'ai pas pu pour raison de santé. Quelques années plus tard, quand ma deuxième fille est née, j'ai décidé de ne pas la nourrir non plus. Pas parce que je ne pouvais pas, à ce moment, mais parce que je ne voulais pas que la première se sente lésée si elle apprenait que sa sœur avait eu quelque chose dont elle avait été privée. Sur le moment, cela me semblait la seule façon de faire qui fût juste, mais maintenant que j'y repense, cela paraît insensé.

Il n'y aura jamais assez de glace

Je n'oublierai jamais le jour d'été où j'ai décidé de m'occuper du gros congélateur du garage et de le débarrasser de deux années de givre. Les enfants étaient en maillot de bain, et ils me regardaient transporter des brocs d'eau chaude pour faire fondre la glace. A un moment, tout a fondu d'un seul coup. Pour jouer, j'ai envoyé un gros morceau de glace en direction d'un enfant et lui ai dit : « Tiens, de la glace pour toi ! » Immédiatement, les deux autres se sont exclamés en chœur : « Moi aussi j'en veux ! »

J'ai saisi deux autres gros morceaux et les ai fait glisser vers les deux enfants. Alors le plus jeune a hurlé : « Ils en ont plus ! »

J'ai dit : « Tu en veux encore ? En voilà », et j'ai jeté un seau de glace à ses pieds. Alors les deux autres de hurler : « Maintenant *lui*, il en a plus. » J'ai lancé deux autres seaux de glace dans leur direction. Le premier a crié : « Maintenant *eux*, ils en ont plus. »

A ce moment, les trois enfants avaient de la glace jusqu'aux chevilles et continuaient à glapir pour en avoir plus. Aussi vite que possible, j'ai envoyé de gros morceaux de glace vers tous les pieds. Et bien que le froid les fît bondir de douleur, ils ne cessaient d'en réclamer davantage, enragés à l'idée que l'un puisse être plus favorisé que l'autre.

C'est là que je me suis rendu compte combien il était dérisoire d'essayer de faire exactement pareil pour chaque enfant. Ils n'en avaient jamais assez, et moi, en tant que mère, je ne pouvais jamais en donner assez.

Toutes les histoires eurent du succès, mais la dernière fit grande impression. C'était, pour chacun de nous, la démonstration du degré de folie auquel on peut parvenir quand les enfants exigent l'égalité et que les parents se sentent obligés de la leur donner. Après un moment de réflexion, un père fit ce commentaire : « Je vois bien qu'en voulant traiter tout le monde avec égalité, on est amené à des actions complètement absurdes, mais que faire quand les enfants se mettent à utiliser des moyens de pression ?

— Par exemple ? demandai-je.

— Quand ils se mettent à avoir mal au ventre parce qu' " on n'est pas juste ", ou qu' " on lui a donné plus, à elle ", ou qu' « on l'aime plus fort, lui " ?

— Vous savez bien vous-même, répondis-je, que même s'ils paraissent vouloir exactement la même chose, en réalité ce n'est pas vrai. »

Il me regarda d'un air interrogateur.

C'était une idée difficile à expliquer. Je leur racontai l'histoire de la jeune femme qui brusquement est allée voir son mari pour lui demander : « Qui aimes-tu le plus ? Ta mère ou moi ? » S'il avait répondu : « Je vous aime pareillement toutes deux », il aurait eu de gros problèmes. Mais au lieu de cela, il a dit : « Ma mère, c'est ma mère. Toi, tu es la femme charmante et désirable avec qui je veux passer le reste de ma vie. »

« Être aimé pareillement, poursuivis-je, c'est en quelque sorte être aimé moins. Être aimé de façon unique — pour soi-même — c'est être aimé autant que l'on a besoin d'être aimé. »

Il y avait encore quelques mimiques de doute.

Pour aider chacun à comprendre la différence entre donner également, en quantité mesurée, et donner individuellement, par rapport aux besoins légitimes de chaque enfant, je distribuai les illustrations des pages suivantes.

AU LIEU DE VOUS SOUCIER DE DONNER EXACTEMENT LA MÊME QUANTITÉ

CHERCHEZ QUELS SONT LES BESOINS INDIVIDUELS DE CHAQUE ENFANT

AU LIEU DE PROCLAMER QUE VOUS LES AIMEZ TOUS DE LA MÊME FAÇON

MONTREZ A VOS ENFANTS QUE VOUS LES AIMEZ CHACUN DE FAÇON UNIQUE

« AUSSI LONGTEMPS » PEUT ÊTRE RESSENTI COMME « MOINS LONGTEMPS »

ACCORDEZ A CHACUN LE TEMPS DONT IL A BESOIN

Quelques personnes firent entendre des rires approbateurs en regardant les bandes dessinées. D'autres paraissaient contrariées. Leurs diverses réactions à cette lecture déclenchèrent une discussion animée.

« L'histoire des crêpes aurait pu arriver telle quelle chez moi. Mais que faites-vous si le petit Johnny en veut plus et que vous êtes à court des ingrédients nécessaires ? »

Deux pères levèrent la main.

« Que diriez-vous d'écrire un pense-bête en grosses lettres et de le coller sur le réfrigérateur ? NE PAS OUBLIER D'ACHETER DES ŒUFS ET DU LAIT POUR LES CRÊPES DE JOHNNY. A condition bien entendu de le faire. »

« Que diriez-vous de lui donner une bouchée de votre crêpe ? Mes enfants adorent que je leur donne quelque chose de mon assiette. Pas plus tard qu'hier, ma petite fille se plaignait que son frère avait eu plus de petits pois, alors je lui ai dit : " Tiens, en voilà des miens. " Elle a compté les petits pois que je lui avais donnés, en a remis deux dans mon assiette, et a déclaré : " Maintenant, je t'en donne des miens. " »

Quelques rires encore.

Une femme était irritée. « Ça va si vous êtes de bonne humeur, dit-elle. Mais quand je me suis donnée la peine de préparer un bon dîner et que les enfants se mettent à compter et à mesurer et à criailler pour trouver qui en a plus, je n'ai pas la patience d'être aussi gentille. »

« Pourquoi vous inquiéter d'être gentille, objecta un autre homme. Pourquoi ne pas être franche ? C'est très déplaisant d'être accusé d'injustice. Je l'ai dit carrément à mes filles : " S'il y en a une qui a l'impression de ne pas avoir assez, voici la façon de réclamer sans me contrarier : Papa, s'il te plaît, est-ce que ça ne te dérangerait pas de m'en donner un peu plus ? " »

« Le problème chez moi, dit une autre femme, ce ne sont pas les enfants. C'est moi. C'est moi qui ai mauvaise conscience si je ne leur donne pas pareil. Quand j'achète quelque chose pour Gretchen — comme un pyjama neuf — et que je vois Claudia là, devant moi, avec une figure de six pieds de long, je me sens affreusement coupable. Je ne sais jamais quoi lui dire.

— Que lui dites-vous habituellement ?

— Oh ! je ne sais pas... Quelque chose dans le genre : " Mais, chérie, tu n'as pas besoin de pyjama. Le tien te va encore. " »

« Cela nous paraît tout à fait logique à nous adultes, ici, dis-je, le problème, c'est que les enfants n'acceptent pas la logique quand ils sont contrariés. Ils ont besoin que l'on tienne compte de leurs sentiments. " Claudia, c'est peut-être dur pour toi de voir que ta sœur a un nouveau pyjama, et pas toi. Et bien que tu connaisses toutes les raisons pour lesquelles elle en a besoin et toi pas, tu es quand même contrariée. " »

Je me tournai vers le reste du groupe.

« J'espère, dis-je, que mes paroles ne donnent à personne l'impression que jamais il ne faut faire la même chose pour chaque enfant. Il y a des occasions où c'est de toute évidence la bonne méthode. Tout ce que je désire souligner, c'est que si vous décidez de ne pas donner pareil, pour quelque raison que ce soit, c'est aussi bien. Les enfants qui ne recevront rien survivront. La façon dont vous comprendrez et dont vous accepterez leur déception les aidera à supporter les inégalités de la vie. »

« Ça, ça n'a pas marché avec mon fils aîné, dit une femme d'un air triste. Je le sais, j'ai essayé. Peut-être que dans son cas il y a une trop grande inégalité. En ce qui concerne non pas des choses, mais le temps. Il me reproche amèrement tout le temps que je consacre à son frère cadet qui a des difficultés scolaires. Il m'accuse même de préférer son frère. »

« Vous évoquez une situation très difficile, dis-je. Et vous avez raison. La sympathie peut répondre aux besoins légitimes d'un enfant, mais elle a ses limites. Je me demande... Pensez-vous que vous pourriez aider votre fils aîné en vous asseyant un moment avec lui, en organisant, de façon régulière, un tête-à-tête de quinze minutes par jour — quinze minutes ensemble, sans personne d'autre, sans interruption, sans téléphone ? Ou est-ce que cela représenterait pour vous un fardeau supplémentaire ? »

Elle réfléchit un moment.

« Je ne sais pas, dit-elle. Cela en vaudrait peut-être la peine : s'il savait qu'il est assuré de passer un moment avec moi, peut-être qu'il ne m'en voudrait pas autant. Et il finirait peut-être par se rendre compte que je n'ai pas de préféré, ce qui est la vérité. »

« Et si c'était le cas ? dit un homme. Et alors ? J'ai réfléchi à une des choses qui ont été dites ici, que nous n'avons pas à nous donner la peine de convaincre les enfants que nous les aimons tous autant. Ce n'est même pas humain de les aimer tous autant. Je parie que chacun de vous a son préféré. Je suis le premier à reconnaître que mes garçons sont de bons enfants, mais ma fille c'est la lumière de ma vie. »

Tous mes signaux d'alarme se mirent en route. Il avait l'air bien trop à son aise à propos d'une situation qui était potentiellement dangereuse. Avait-il la moindre idée de la souffrance qu'il pouvait causer à ses enfants, y compris à « la lumière de sa vie » ?

« De mon point de vue, dis-je, le problème n'est pas d'avoir un préféré. Chacun de nous éprouve des sentiments partiaux à l'égard d'un enfant ou d'un autre, à un moment ou à un autre. Le problème c'est de ne pas faire ouvertement de favoritisme. Nous savons tous que Caïn a tué Abel parce que Dieu avait témoigné plus de considération pour l'offrande d'Abel. Et nous savons aussi que les frères de Joseph l'amenèrent dans le désert et le jetèrent dans une citerne parce que leur père préférait Joseph et qu'il lui avait donné une tunique de plusieurs couleurs. Cela remonte à bien longtemps, mais les sentiments qui furent à l'origine de ces actes violents sont éternels et universels.

« Même dans cette pièce, aujourd'hui, continuai-je avec un signe de tête en direction de la femme qui avait raconté l'histoire de la coupe de cheveux. On nous a parlé d'une petite fille qui a coupé les cheveux de sa sœur parce qu'ils enchantaient son père. »

La « sœur de Rapunzel » me regarda intensément. « La vérité c'est que tout en elle l'enchantait. Moi je ne l'ai jamais enchanté. » Ses yeux se remplirent de larmes. « C'est incroyable comme cela me fait encore souffrir », dit-elle.

Je souffrais pour elle. Et pour tous les enfants qui devaient voir l'admiration briller dans le regard de leurs parents en sachant que ça ne serait jamais pour eux.

« C'est là un problème difficile, dis-je, comment protéger l'autre enfant de notre enthousiasme pour celui que nous préférons ? »

Il y eut un silence pesant. J'étais surprise. Je pensais entendre au moins quelques parents protester que la question ne s'appliquait pas à leur cas. Pas un regard d'échangé. Après quelques instants de réflexion, certaines personnes exprimèrent leurs pensées.

« Je sais que mon fils Paul a conscience de la grande fierté que nous éprouvons à l'égard de notre fille, et qu'il en souffre. Il nous l'a carrément dit : " Papa et toi, vous vous regardez toujours dès que Liz prononce une parole. " Au début, nous ne comprenions pas de quoi il voulait parler. Et puis, nous nous sommes rendu compte que nous n'arrêtions pas d'échanger des regards du genre : " N'est-elle pas fantastique ? " Depuis qu'il nous a alertés, nous nous efforçons vraiment de ne plus le faire. »

« Ma femme m'a fait remarquer que lorsque nous sommes tous en voiture, j'ai tendance à ignorer les filles. Je dis toujours : " Mark regarde ci... Mark regarde ça ! " Maintenant, je me retiens et je dis à la cantonade : " Eh, les enfants, regardez par là ! " »

« Je dois avouer que je me suis surpris — plus d'une fois — à être beaucoup plus dur avec une de mes filles qu'avec l'autre. Même si elles font la même chose au même moment, je tombe sur Jessica à bras raccourcis, et Holly n'a jamais qu'une légère réprimande. Il y a en elle quelque chose qui m'attendrit. Je sais qu'il faut que j'y fasse attention. »

« D'après ce que vous dites tous, intervins-je, si nous voulons cesser de faire du favoritisme, il nous faut d'abord en prendre conscience. Nous devons être assez honnêtes pour admettre la vérité. Connaître nos penchants nous met immédiatement en meilleure position pour protéger notre enfant " le moins favorisé " ; et cela nous aide tout autant à protéger notre enfant préféré contre la pression d'avoir à maintenir sa position et contre l'inévitable hostilité de ses frères et sœurs. »

La femme qui avait parlé en dernier n'était pas satisfaite. « Et le sentiment de culpabilité ? demanda-t-elle. Je suis capable de reconnaître que je suis partiale, mais cela me rend très malheureuse. »

« Est-ce que cela vous aiderait si vous vous disiez qu'il n'est pas nécessaire de manifester la même affection à l'égard de chaque enfant, et qu'il est tout à fait normal et naturel d'éprouver des sentiments différents envers des enfants différents ? La seule chose qui est impérative, c'est d'accorder un nouveau regard à l'enfant le moins favorisé, c'est de rechercher ce qu'il a de spécial, et ensuite de lui faire sentir le plaisir que nous cause cette particularité. C'est tout ce que nous pouvons exiger de nous-mêmes, et tout ce dont les enfants ont besoin. Apprécier l'individualité de chaque enfant, le prendre tel qu'il est, c'est faire en sorte que chaque enfant se sente le premier. »

Il n'y avait plus de questions.

Je regardai ma montre. Nous avions dépassé l'heure de cinq minutes. Les gens restaient tranquillement assis sur leur siège, perdus dans leurs pensées. Je pouvais presque sentir qu'ils établissaient des rapports entre ce qu'ils venaient d'entendre et leurs familles. Je n'avais nul besoin de leur dire quels exercices faire chez eux. Ces exercices, il les avaient déjà commencés.

Bref rappel...

LES ENFANTS N'ONT PAS BESOIN
D'ÊTRE TRAITÉS TOUS PAREILS
MAIS D'ÊTRE TRAITÉS CHACUN SPÉCIALEMENT

Au lieu de donner la même quantité à tous

« Voici, maintenant tu as exactement la même quantité de raisin que ta sœur. »

Donnez selon les besoins de chacun

« Veux-tu un peu de raisin ou beaucoup ? »

Au lieu de manifester autant d'affection à tous

« Je t'aime exactement comme ta sœur. »

Montrez à chaque enfant que vous l'aimez spécialement

« Tu es le seul " toi " dans le monde entier. Personne ne pourrait jamais prendre ta place. »

Au lieu de consacrer autant de temps à tous

« Quand j'aurai passé dix minutes avec ta sœur, je passerai dix minutes avec toi. »

Consacrez le temps nécessaire aux besoins de chacun

« Je sais que je passe beaucoup de temps à faire réviser ta sœur pour sa composition. C'est important pour elle. Dès que j'aurai terminé, je veux que tu me dises ce qui est important pour toi. »

LES RÉCITS

La première histoire qui nous fut rapportée prouva que son auteur avait fait une véritable autocritique.

> J'ai été très frappée par ce que nous avons dit du favoritisme, au cours de notre réunion de la semaine dernière. Cela m'a amenée à réfléchir : que devait ressentir Jessica (treize ans) en me voyant consacrer tant de temps et tant d'affection à sa sœur Holly (dix ans). Je savais que cela ne pouvait pas ne pas la perturber. Mais je suis très mal à l'aise en présence de Jessica. Elle est si lunatique. Avec elle, on ne sait jamais de quel côté va souffler le vent. Chaque fois que nous commençons une conversation, nous finissons par nous disputer. Je pense que la vérité c'est que je l'évite.
>
> Bref, après la réunion, je me suis mise à chercher comment je pourrais passer un moment avec Jessica sans que ça dégénère. L'après-midi suivant, j'ai arrêté ce que j'étais en train de faire, et je me suis assise sur le canapé à côté d'elle ; elle était en train de regarder un feuilleton. Je n'ai pas dit un mot. J'ai simplement regardé en même temps qu'elle. Le jour suivant, je suis à nouveau venue regarder le feuilleton. Et hier, elle m'a appelée pour me dire que le programme allait commencer. Nous avons même discuté un peu après au sujet de certaines intrigues. Ça paraît peu de chose, mais nous n'avions pas été aussi proches depuis longtemps.

Les récits suivants montrent des parents engagés dans un processus de réévaluation au sujet de leur notion d'équité. Au début ils ont eu du mal à abandonner l'idée que pour être juste on doit donner également en termes de choses, de quantité, de temps et même d'affection. Pourtant, en donnant inégalement aux enfants, chacun recevant selon son besoin individuel, ces parents ont découvert une façon nouvelle, libératrice, d'être juste.

Alors que je faisais des courses, la semaine dernière, j'ai aperçu un tee-shirt avec un motif de licorne qui, je le savais, plairait beaucoup à Gretchen. Elle adore les licornes. J'ai failli ne pas l'acheter par crainte de la réaction de sa sœur Claudia, mais j'ai repensé à notre dernière séance, et j'ai décidé de l'acheter quand même.

Quand Gretchen a ouvert le sac et a sorti le tee-shirt, Claudia a eu l'air un peu déconcertée, mais elle n'a pas protesté.

Alors ma mère qui avait assisté à la scène est entrée en action. Elle a pris Claudia à part et lui a chuchoté à l'oreille : « Ne t'en fais pas, chérie, je t'achèterai un nouveau tee-shirt demain. »

« Zut, ai-je pensé, Claudia ne se sentait pas lésée, mais, si ma mère continue, c'est ce qui va arriver. »

J'ai mis mon bras autour de Claudia en disant : « Il me semble que Grand-mère est ennuyée. Mais pas nous. Dans notre famille, nous savons bien que chaque enfant reçoit ce qu'il lui faut. Tantôt c'est le tour de Gretchen, et tantôt celui de Claudia, mais en fin de compte, chacune reçoit ce dont elle a besoin. » Je n'arrivais pas à croire que c'était moi qui venais de prononcer ces paroles.

Ma mère a paru perturbée. Mais Claudia et Gretchen semblaient avoir compris.

Jusqu'à maintenant, je n'envisageais même pas d'acheter quelque chose à Dara sans acheter aussi quelque chose à Gregory. Ils se seraient mis dans un tel état que cela n'en valait vraiment pas la peine. Ils en étaient tous deux arrivés à m'intimider, complètement.

Mais hier, j'ai pris le taureau par les cornes. J'ai acheté à Dara un nouveau cartable pour l'école, car elle en avait besoin, et je suis revenue sans rien pour Gregory. A la minute où Dara est arrivée à la maison, elle a commencé des « la la lère » à l'intention de son frère : « Maman m'a acheté un nouveau cartable à moi, et pas à toi ! »

Je l'ai fait immédiatement taire. J'ai dit : « Je n'aime pas cela ! Tu fais la crâneuse ! Ce n'est pas gentil pour les autres. Et cela me fait regretter de t'avoir acheté ce cartable. » Et j'étais contente que Gregory m'ait entendue, parce qu'il est tout à fait capable de lui faire la même chose. Ils vont bientôt découvrir que leur mère ne supporte plus ces sottises.

La semaine dernière, j'ai été confrontée à deux incidents et je me suis épargné beaucoup de peine en n'essayant pas d'être juste.

Premier incident

C'est l'heure d'aller au lit.

STEVIE

(Quatre ans) Maman, c'est pas juste. Tu es restée plus longtemps avec Maggie. Tu lui as parlé plus longtemps.

J'étais tentée d'expliquer : « Oui, mais ta sœur a eu beaucoup de mal à s'endormir ce soir. Elle a fait trop longtemps la sieste. Je me rattraperai demain avec toi. Je te lirai une histoire de plus. » Au lieu de cela...

MOI

Oh ! tu veux que je reste plus longtemps avec toi ?

STEVIE
Oui. (Et il se glisse immédiatement dans ses draps pour dormir.)

Second incident

Stevie ne se sentait pas bien. Je le berçais sur mes genoux lorsque Maggie (vingt mois) se précipite vers moi, les bras tendus. Ma première intention a été de poser Stevie à terre immédiatement et de la prendre, pour la calmer. Mais je ne l'ai pas fait. J'ai dit : « Maggie, je sais que tu veux que Maman te prenne. Mais pour l'instant Stevie a besoin d'un long câlin parce qu'il est malade. »

Dans les yeux de Stevie est apparue une lueur du genre « Ha, ha », comme pour dire : « Tu vois, je suis important ! » Mais ce qui m'a stupéfié c'est qu'elle ne s'est pas rebellée et qu'elle est parvenue à attendre pendant trente bonnes secondes que je la prenne.

Apparut alors une autre difficulté pour les parents : délivrer leurs enfants de l'obsession du « pareil », du « même », du « juste ». Dans les deux exemples suivants on va voir comment une mère et un père ont joint leurs forces pour aider leurs fils à se « décrocher » l'un de l'autre.

La rivalité qui oppose nos fils atteint son sommet au moment d'aller au lit. Zachary ne supporte pas de se coucher une demi-heure plus tôt qu'Alex, pour la seule raison qu'il a deux ans de moins. Chaque soir, c'est la même chose. Zachary refuse de se mettre au lit. Il chante, il fait des galipettes sur son lit, il nous appelle, il parle à Alex même après que celui-ci s'est couché, pour lui faire savoir qu'il est toujours réveillé.

Ce comportement rend Alex furieux, parce qu'il a l'impression que son droit d'aînesse est contesté. Chaque fois que mon mari ou moi-même essayons d'être fermes avec Zachary, il prétend qu'il ne peut se mettre au lit avant qu'Alex soit couché.

Plus tôt dans la semaine, j'avais pris les deux enfants

ensemble pour essayer de leur parler de leurs besoins respectifs au moment du coucher. Un désastre. L'entrevue s'était terminée au milieu des hurlements.

J'avais presque renoncé. Mais le jour suivant, j'ai pris Zachary tout seul, et l'expérience a été tout à fait différente. Il a commencé par bougonner qu'Alex avait le droit de se coucher plus tard. Mais là, j'étais prête à lui répondre. J'ai dit : « Nous ne sommes pas en train de parler d'Alex, nous parlons de toi. »

Il a dit : « Mais Alex... »

J'ai répété : « Alex, c'est autre chose. Pour l'instant, son cas ne m'intéresse pas. Je veux parler de toi, et de ce dont tu penses avoir besoin au moment d'aller au lit. »

Le cours de la conversation en a été complètement changé. Il m'a dit quelles difficultés il avait à s'endormir. Je lui ai demandé alors s'il avait une idée de ce qui pourrait l'aider. Il a dit que peut-être s'il faisait des exercices avant d'aller au lit, il se débarrasserait de son trop-plein d'énergie. Il a aussi suggéré que ça pourrait l'aider de passer un moment tranquille avec moi ou avec son père avant « d'éteindre ». Jusqu'ici, ça a marché.

Les garçons entrent en trombe, en se disputant.

ALEX

Papa, s'il te plaît, explique-lui qu'il peut très bien traverser la rue quand je le lui dis. Zachary, la voiture était à un kilomètre.

ZACHARY

Ouai, sûrement, à un kilomètre. J'aurais pu me faire écraser !

PÈRE

Alex, ton appréciation est parfaitement valable pour toi. Zachary, ton appréciation est parfaitement valable pour toi. Je suis content d'entendre que bien que vous ne soyez pas d'accord entre vous, chacun se fie à son propre jugement.

Le dernier récit nous donne un aperçu de ce que nos enfants attendent vraiment de nous, même s'ils font pression sur nous pour obtenir un traitement de faveur.

> Cette semaine j'ai vraiment été mise à l'épreuve ! Amy (huit ans) ma fille « du milieu », était assise sur le canapé avec moi, et tout d'un coup, elle me demande : « Papa, qui préfères-tu — Rachel, Emily ou moi ? »
>
> Tout ce dont nous avions discuté la semaine dernière m'était sorti de la tête. La seule réponse qui me vint à l'esprit fut : « Chérie, je vous aime toutes autant. » Brillant, n'est-ce pas ?
>
> Mais cela ne lui a pas suffit. Elle a dit : « Imagine que nous soyons toutes dans une barque, et la barque se retourne, et on va toutes se noyer. Alors qui est-ce que tu sauverais ? »
>
> J'ai essayé de me sortir de ce piège. « Celle qui serait le plus près de moi. »
>
> « Imagine que nous soyons toutes aussi près ? »
>
> Elle m'avait vraiment mise au pied du mur.
>
> Finalement, la mémoire m'est revenue. « Ce serait une situation épouvantable pour moi, épouvantable, dis-je. Si vous êtes toutes tellement spéciales pour moi, c'est parce que vous êtes toutes tellement différentes. Que deviendrais-je si quelque chose arrivait à mon Amy ? Comment pourrais-je supporter la seule pensée de perdre quelqu'un avec qui j'ai tant de plaisir à être, et à parler ? Jamais je n'en retrouverais une comme elle, où que ce soit. Elle est tout à fait unique. Rien que d'y penser cela me bouleverse. »
>
> C'était suffisant. Elle paraissait parfaitement satisfaite. Elle ne m'a même pas demandé quels étaient mes sentiments à l'égard de ses sœurs. Elle voulait seulement savoir à quel point je tenais à elle.

5

Frères et sœurs dans leur rôle

S'IL EST COMME CI, JE SERAI COMME ÇA

La prochaine réunion était fixée au lendemain, et j'avais vraiment hâte d'y être. Enfin nous étions prêts à aborder le sujet que chacun attendait : les disputes. Nous allions passer les deux heures à parler de ce qu'il fallait faire quand les enfants se mettaient à s'affronter pour de bon. Avec beaucoup de satisfaction, je jetai un dernier coup d'œil au matériel que j'avais préparé, et rangeai les papiers dans ma serviette.

La chienne vint frotter son museau contre ma jambe. Je l'ignorai. Elle aboya et me donna de nouveaux coups de tête. « D'accord, Pepper, d'accord. » Elle me tendit le cou. J'attachai la laisse à son collier et remontai la rue en courant avec elle. Deux petits garçons se précipitèrent vers nous, le doigt tendu en criant : « Chien ! Chien ! »

Juste derrière eux arrivait ma nouvelle voisine. La dernière fois que je l'avais vue, elle promenait ses jumeaux en poussette. « Barbara, m'exclamai-je, les garçons ont tellement grandi ! Je n'en crois pas mes yeux. Ils marchent déjà, et ils parlent. Et ils ont vraiment l'air tous deux d'aimer les chiens, n'est-ce pas ?

— Oui, peut-être... Mais, regardez comme le petit essaie de le caresser, et observez où se trouve le grand. Il se met aussi loin que possible. »

J'étais surprise de sa remarque, et je ne savais pas bien quoi y répondre.

« Ils sont ainsi depuis leur naissance, continua-t-elle. Le petit est un vrai casse-cou. Rien ne l'effraie. Mais le grand a peur de son ombre. »

Je réussis à émettre une banalité qui ne m'engageait à rien, et je me retirai vers la maison, tirant la chienne derrière moi. Je savais que si je restais une seconde de plus, je ne pourrais m'empêcher de dire des choses que je regretterais ensuite.

Comment pouvait-elle parler ainsi en présence de ses enfants ? Pensait-elle qu'ils n'entendaient pas ? Ou qu'ils ne comprenaient pas ? Elle avait étiqueté chacun de ses fils, l'avait enfermé dans un rôle, sans penser du tout au tort qu'elle leur faisait — et pas seulement à chaque garçon individuellement, mais à leur relation future.

Revenue chez moi, je m'inquiétais au sujet de la réunion du lendemain. Peut-être était-ce prématuré de parler des disputes. Peut-être avions-nous besoin de discuter d'autre chose : comment le fait d'enfermer les enfants dans des rôles pouvait provoquer les sentiments négatifs qui engendraient les disputes. Sans cela nous risquions de nous attaquer aux symptômes sans en comprendre une des causes majeures. D'un autre côté, tout le monde était « programmé » pour le sujet du lendemain, y compris moi. Peut-être pouvais-je me contenter de demander au groupe de se reporter à mes précédents livres et les laisser se débrouiller sur ce point.

Le téléphone sonna. C'était mon fils aîné. Il avait la voix lasse.

« Bonjour, Maman. J'ai passé la semaine à plancher sur mes partiels, et j'ai eu envie d'appeler la maison pour me changer les idées. Comment va tout le monde ?

— Bien. Tu nous manques à tous. Spécialement à Pepper. Elle passe son temps à aller dans ta chambre pour te chercher.

— Ça doit être dur pour elle sans moi et sans Andy.

— Je pense que c'est surtout toi qui lui manques.

— Pourquoi moi ?

— Eh bien ! c'est surtout toi qui t'en occupais.

— Ce n'est pas vrai, Maman. C'est Andy qui la nourrissait tous les matins.

— Oui, bien sûr. Mais c'est toi qui te chargeais de la faire courir tous les jours. Et tu étais le seul à pouvoir lui couper les ongles ou lui laver les oreilles. Ton frère ne pouvait l'approcher à moins de cinquante centimètres un gant de toilette à la main.

— Peut-être, dit-il embarrassé. Je ne sais pas... Eh bien ! il vaut mieux que je retourne au travail. J'ai beaucoup de lecture à faire. Embrasse Papa pour moi. »

Il raccrocha.

Je n'arrivais pas à croire ce que je venais de faire. Qu'est-ce qui avait bien pu me prendre ? Pourquoi avais-je voulu faire de David le « responsable » ? Et pour quelle raison l'avais-je incité à se considérer comme quelque peu supérieur à son frère ? Était-ce parce que cela me serrait le cœur de l'imaginer tout seul dans sa petite chambre d'étudiant ? Au point de vouloir lui remonter le moral aux dépens de son frère ? Et c'était moi qui m'indignais de ce que la voisine faisait à ses fils !

La question était réglée. L'atelier sur les disputes attendrait. Demain, nous allions parler des rôles, mais d'une façon nouvelle. Nous avions besoin d'une meilleure compréhension de ce qui se trouvait derrière notre tendance à attribuer des rôles à nos enfants. Nous avions besoin d'examiner non seulement la façon dont un rôle donné affecte chaque enfant individuellement, mais encore la façon dont le rôle de chaque enfant affecte les autres, et en fin de compte leurs relations mutuelles.

C'était le soir suivant. J'attendais impatiemment que les gens s'installent à leur place.

« Les disputes, ce soir ? » me demanda avec espoir une femme qui se glissait sur son siège.

« La semaine prochaine », répondis-je. Et je leur racontai tout — ma voisine, mon coup de téléphone, mes pensées.

Ils écoutèrent sans rien dire.

« Maintenant, voici ce que j'aimerais que vous me disiez, déclarai-je. A votre avis, qu'est-ce qui pousse certains parents à attribuer des rôles différents à leurs enfants ? J'ai déjà mentionné une cause possible — le désir inconsidéré de remonter le moral à un enfant. Même aux dépens de ses frères et sœurs. Quoi d'autre ? »

Les réponses surgirent vite :

« Un désir inconsidéré de nous remonter le moral à nous-mêmes. J'imagine que votre voisine a grandi en étant une petite fille timide, et que c'est la raison pour laquelle elle s'est vantée d'avoir un enfant " casse-cou ". »

« Et le contraire est vrai, aussi. Je pense que nous avons tendance à projeter nos propres faiblesses sur nos enfants. Je sais que je suis toujours en train d'accuser mon fils de remettre les choses au lendemain, pourtant à ce jeu-là, c'est moi qui suis la championne du monde. »

« Je pense aussi que l'idée d'avoir déchiffré la personnalité de chaque enfant nous est agréable. Parfois j'appelle mon fils " Paul le ponctuel ", ou je taquine ma fille parce qu'elle est " Lizzie toujours en retard ". C'est une sorte de plaisanterie familiale. »

« Je pense que nous attribuons des rôles différents à nos enfants parce que nous désirons que chacun d'eux se sente spécial. Je ne sais pas si j'ai raison, mais je dis à mes enfants : " Tu es bon en lecture ; ta sœur est bonne en maths ; et ton frère est bon dans les matières artistiques. " C'est une façon de leur donner à chacun une identité distincte. »

Soudain une main se leva. « Je viens de me rendre compte de quelque chose, s'exclama une femme. Les parents ne sont pas les seuls à attribuer des rôles à leurs enfants. *Les enfants s'attribuent eux aussi des rôles !* »

Le groupe changea rapidement d'orientation pour suivre cette pensée.

« C'est exact. Un enfant jouera le rôle du bon garçon parce que c'est un moyen de gagner l'approbation et l'affection des adultes. »

« Ou le rôle du méchant garçon parce que c'est un moyen d'attirer l'attention, même d'une façon négative. »

« Et les enfants sont malins. Ils savent que certains rôles leur valent une rétribution. Le clown de la famille s'en tire toujours à bon compte. L'enfant qui joue les incapables arrive à se faire servir par tout le monde. »

La même femme agita à nouveau la main. « Et nous n'avons pas mentionné le fait que les enfants s'attribuent des rôles les uns aux autres ! Et en plus, cela n'a rien à voir avec les parents ! »

Je lui demandai de s'expliquer.

Elle réfléchit un moment. « Je vous donnerai un exemple qui vient de chez moi. Mon fils aîné, qui est petit et maigre, n'arrête pas de se vanter de sa force, et traite son petit frère de " chiffe molle ". Et le petit qui est bâti comme un véritable colosse le croit. Il pense qu'il est faible et il agit en conséquence. Quoi qu'on lui demande de soulever ou de transporter, c'est " trop lourd ". Il n'a aucune idée de sa propre force. Et si on laisse faire son frère aîné, il n'en prendra jamais conscience. »

Nous restâmes là, écrasés par l'ampleur et la complexité de ce à quoi nous nous attaquions : nous attribuons des rôles aux enfants. Les enfants se donnent à eux-mêmes des rôles. Les enfants se donnent les uns aux autres des rôles.

Un homme leva la main. « Puis-je faire l'avocat du diable un moment ? »

Nous nous tournâmes tous vers lui.

« Si c'est tellement naturel que les enfants d'une famille soient voués à des rôles, c'est peut-être qu'il y a une bonne raison à cela, que personne n'a encore mentionnée.

— Comme quoi ? demandai-je.

— Disons que vous avez un enfant et que vous lui faites habituellement le compliment d'être le cerveau de la famille. Est-ce que cet enfant n'aura pas tendance à mieux étudier, et à mieux réussir à l'école et plus tard dans la vie ? Ce que je veux dire, c'est qu'il peut y avoir des avantages à être poussé dans un rôle. »

Trois personnes courroucées prirent immédiatement la parole. « Vous d'abord », dis-je, désignant une femme dont le visage était devenu rouge comme une tomate.

« Bien sûr, il y a des avantages pour le préféré, dit-elle avec mépris. Pour lui, c'est formidable. Mais les autres ? Ils sont automatiquement relégués à la seconde place. »

La femme suivante ne mâcha pas ses mots. « Voyez quel climat d'hostilité on crée quand on place un enfant au-desssus de l'autre. Mon frère était le plus beau de la famille. Les gens ne pouvaient s'empêcher d'aller vers ma mère et de se répandre en compliments : " Votre fils est absolument magnifique. On dirait Robert Redford !... Ah, et voici votre fille. Elle est bien gentille. "

« A l'époque, je pensais que cela ne me faisait rien. Mais je dois vous dire que pendant des années j'ai fait le même rêve : mon frère et moi, nous nous promenions dans une rue, et tout d'un coup son visage se trouvait pris dans un casse-noix géant. »

Mimiques de stupéfaction et rires.

Après que le groupe eut retrouvé son calme, ce fut à la troisième femme de parler. « Je peux vous dire, par expérience, que ce n'est pas une partie de plaisir que d'être l'enfant désigné pour le rôle du favori. La pression est énorme. Mes parents m'ont toujours félicitée d'être la " responsable " et je me suis arrangée pour être à la hauteur de leur attente. Mais il m'a fallu payer pour cela. Encore maintenant, mon frère et ma sœur jouent les incapables, et c'est moi qui me débats au milieu de tous les problèmes de la famille. »

A présent, presque tous les membres du groupe avaient la main levée. Chacun désirait parler du rôle qui lui avait été attribué au cours de son enfance, et dire quelle influence cela avait eu sur lui. Chaque témoignage, quelle que fût sa particularité, suivait le même schéma. Un rôle semblait déterminer l'autre : « On m'a toujours considéré comme un souillon, mon frère c'était monsieur Propre... » « J'étais la terreur de la famille ; ma sœur c'était la petite sainte Nitouche. »

Et à partir du moment où les rôles de la pièce avaient été attribués, les personnages semblaient avoir joué leur emploi jusqu'au bout, de façon presque excessive : « J'ai décidé qu'étant donné qu'on m'accusait toujours d'être " déchaînée ", autant être " déchaînée "... » « Puisque les gens s'attendaient à ce que je sois débraillé, je n'allais pas les décevoir. »

Et toujours le même résultat, l'hostilité entre frères et sœurs : « J'en voulais à mon frère d'être si bon en tout. A côté de lui j'avais l'impression d'être un incapable... » « Je détestais ma sœur parce qu'elle était terriblement coléreuse. Cela m'obligeait à être l'enfant sage. »

Et même si les rôles n'étaient pas en opposition directe, les enfants étaient définis — ou se définissaient eux-mêmes — par rapport à l'autre : « Je n'avais pas autant de succès que ma sœur »... « Je n'avais pas un tempérament de chef comme mon frère. »

Et chaque fois, on terminait par ce triste refrain : « jusqu'à ce jour ». « Jusqu'à ce jour, il y a eu une certaine tension entre nous... » « Jusqu'à ce jour, nous n'arrivons apparemment pas à communiquer... » « Jusqu'à ce jour, j'ai l'impression que quelque chose ne va pas si je ne suis pas le clown... la fille tirée à quatre épingles... le responsable. »

Après le dernier témoignage, ce fut le silence ; tous nous réfléchissions à ce que nous venions d'entendre. Quelqu'un me demanda : « N'est-ce pas possible d'avoir une famille dans laquelle le rôle de chaque enfant s'accorde sans heurt avec celui des autres, une famille qui fonctionne comme une unité harmonieuse ? »

« Peut-être est-ce possible, répondis-je, mais nous devons aussi préparer nos enfants pour la vie en dehors de la famille. Et la vie exige de nous que nous assumions beaucoup de rôles. Il nous faut savoir aimer et être aimé ; diriger et exécuter ; être sérieux et se laisser aller ; vivre dans le désordre et mettre de l'ordre. Pourquoi limiter certains enfants ? Pourquoi ne pas les encourager tous à prendre des risques, à explorer leur potentiel, à découvrir en eux des forces dont ils n'avaient jamais rêvé ? »

Notre « avocat du diable » n'était pas impressionné par mes belles paroles.

« Vous parlez d'une sorte d'idéal, dit-il. Regardons les choses en face. Les gens ont des capacités naturelles et des limites naturelles. Ma fille aînée est douée pour la musique. A dix ans elle joue déjà tout le concerto en ré de Haydn. La plus jeune n'a aucune oreille, nous l'avons donc orientée vers la gymnastique. »

Pour me convaincre, il n'aurait pu choisir pire exemple. Ses mots provoquèrent un déclic en moi : toute une partie de mon enfance à laquelle je n'avais pas songé depuis des années me revint en mémoire. J'avais l'impression de revivre l'expérience, aussi réellement et douloureusement qu'alors. Je lui racontai toute l'histoire, du début : la fierté de mes parents à l'acquisition, pour leurs enfants, du piano neuf en acajou ; les heures que j'avais passées à regarder ma grande sœur jouer en rêvant au jour où j'aurai l'âge de prendre des leçons ; ma première année de cours, avec un professeur qui ne cessait de me dire que j'étais sa plus mauvaise élève ; et ma joie — en dépit de ses critiques et de mes faibles dispositions — à jouer pendant des heures mes quelques morceaux faciles et, en fin de compte, la grande discussion entre mes parents pour savoir si c'était « rentable » de continuer mes leçons.

Je connaissais d'avance le verdict. Ma sœur était « la musicienne de la famille ». Peut-être pouvait-on trouver quelque chose d'autre pour moi. J'ai accepté leur décision sans protester. Ils avaient raison. Quels que fussent mes efforts, je ne parvenais à apprendre le piano que lentement, au prix de grandes difficultés.

Mais la perte de la musique fut pour moi une épreuve terrible. Ce n'est qu'au fil des mois que je me rendis compte à quel point le piano me manquait. Je ne pouvais pas supporter d'entendre ma sœur jouer. Chaque note me faisait souffrir.

Quand personne n'était là, en cachette, je sortais mes vieilles partitions et j'essayais d'apprendre à jouer toute seule. Je parvins même à faire quelques progrès. Mais à la fin je fus dépassée par la tâche, et j'abandonnai. La musique, ça n'était pas pour moi.

L'homme me regardait fixement. Il avait l'air de vouloir dire quelque chose quand une femme prit la parole d'une voix émue : « Quand j'avais huit ans, mes parents me firent donner des leçons de piano. Ma petite sœur avait l'habitude de me regarder travailler, et quand j'avais terminé, elle s'asseyait au piano et essayait de m'imiter. Et un jour, elle se mit au piano, et, sans avoir pris une seule leçon, joua le morceau sur lequel je m'étais échinée pendant plus d'un mois. Après cela, j'arrêtai de travailler. Je dis à ma mère que je ne voulais plus prendre de leçon. »

« Et votre mère vous a laissé arrêter ? » demandai-je.

Elle fit oui de la tête.

« Je me demande ce qui se serait passé si au lieu d'accepter votre décision, votre mère vous avait dit : “ Je ne vois pas de raison d'arrêter. Tu as l'air d'aimer le piano et tu fais des progrès. ” Comment auriez-vous réagi ? demandai-je.

— J'aurais probablement dit : “ Mais tu perds ton argent. Ruth joue mieux. Elle sait déjà mon morceau en entier. ” »

Je continuai à parler comme sa mère : « Ma chérie, je vois bien ce que cela peut avoir de décourageant, mais la façon dont Ruth joue n'a rien à voir avec toi. L'important n'est pas d'apprendre un morceau vite ou lentement. L'important c'est que toi tu apportes à la musique par ton interprétation quelque chose que personne d'autre ne peut apporter. L'important c'est le plaisir que tu trouves à jouer. Je ne voudrais surtout pas te priver de cela. »

Elle retint ses larmes. « C'est exactement ce que j'aurais voulu entendre », dit-elle.

« Je sais, répondis-je (et Dieu sait combien c'était vrai !), il y a un peu partout des petits garçons et des petites filles privés des occasions auxquelles ils auraient eu droit, à cause des prouesses d'un frère ou d'une sœur. »

Je m'adressai alors à tous les membres du groupe : « C'est vrai, certains enfants possèdent effectivement des dons naturels qu'il faut bien sûr reconnaître et encourager. Mais pas au détriment des frères et sœurs. Lorsqu'un enfant s'approprie le domaine de ses compétences particulières, prenons bien garde d'en exclure les autres enfants. Et assurons-nous que les autres ne s'en excluent pas eux-mêmes. Méfions-nous des déclarations du genre : " C'est le musicien de la famille... " " C'est l'intellectuel de la famille... " " C'est le sportif de la famille... " " C'est l'artiste de la famille. " Aucun enfant ne devrait avoir le droit d'accaparer aucun domaine d'activité humaine. Il faut dire clairement à nos enfants que les joies de l'étude, de la danse, du théâtre, de la poésie, du sport appartiennent à tout le monde, qu'elles ne sont pas réservées à ceux qui ont des facilités particulières. »

Pas la moindre opposition, pas même un murmure.

« Je vous propose d'utiliser la semaine à venir, dis-je à tous, pour découvrir si parmi vos enfants il n'y en a pas un qui joue un rôle, et pourquoi, et pour réfléchir à la façon dont nous pourrions libérer cet enfant, et l'aider à devenir vraiment lui-même. »

Tout à coup la mémoire me revint : « Oh non ! m'exclamai-je. J'avais complètement oublié. Je vous avais promis à tous une séance sur les disputes pour la semaine prochaine ! »

Mon « avocat du diable » me rassura du geste. « Ce n'est pas grave, dit-il. Ils continueront à se disputer une semaine de plus. Cette recherche est vraiment importante. »

ACCORDER AUX ENFANTS LA LIBERTÉ DE CHANGER

Les réunions de parents sont généralement lentes à démarrer. Les gens, au bout d'une semaine consacrée à des activités sans rapport avec les préoccupations du groupe, ont besoin de temps pour se remettre dans le bain.

Mais pas ceux-ci. Ils reprirent le fil de la discussion de la semaine précédente comme s'ils revenaient d'une pause-café.

« J'ai beaucoup repensé à ce que vous nous avez proposé comme travaux pratiques la semaine dernière et j'ai trouvé que dans ma famille personne n'attribuait de rôle à personne. Et puis, dimanche, j'ai présenté mes garçons au nouveau pasteur, et je me suis entendue dire : " Voici mon aîné, voici mon ' enfant du milieu ', et voici mon bébé. " Je n'avais même pas prononcé leur nom ! Et je dois reconnaître que c'est ainsi que je les traite. Je gâte celui qui a cinq ans parce qu'il est le plus jeune ; celui du milieu est simplement là, pris en sandwich, en quelque sorte ; et je poursuis celui qui a dix ans pour qu'il se conduise comme un grand. »

« Je vois ce que vous voulez dire, intervint un père. Depuis que Kay a eu le bébé, je me surprends à pousser Michael pour qu'il soit plus indépendant. Hier soir, je lui ai dit qu'il était maintenant un grand garçon et qu'il devait mettre tout seul son pyjama. Il avait l'air malheureux. Il a dit : " Papa, tu ne comprends pas qu'en dedans je suis encore très petit ? " »

« C'est quelque chose dont nous n'avons pas parlé la semaine dernière, dit quelqu'un. Et c'est tellement évident. Nous traitons vraiment nos enfants en fonction de leur rang de naissance. »

« Et parfois, dit une autre femme, nous les traitons en fonction de notre propre rang de naissance. »

Nous la regardâmes complètement sidérés.

« Je vais essayer d'être brève, continua-t-elle. J'étais la sœur aînée et j'ai toujours considéré mon petit frère comme un véritable casse-pieds. Le résultat c'est que chaque fois que je vois mon fils ennuyer sa grande sœur, cela me met très mal à l'aise et je l'accuse tout de suite d'être un casse-pieds. Je pense que je m'identifie à ma fille.

« Mon mari qui était un frère cadet a la réaction opposée. Il s'identifie à mon fils, le considère comme la victime, et accuse toujours ma fille d'être méchante avec son petit frère. Dans l'interprétation de mon mari, c'est notre fille qui est l'oppresseur et notre fils qui est l'opprimé. »

Nous étions tous intrigués par ce problème. Quelques personnes avouèrent qu'elles aussi avaient tendance à s'identifier à l'enfant dont le rôle correspondait le plus étroitement au leur pendant leur enfance. Mais d'autres firent rapidement remarquer qu'on n'avait pas besoin d'un passé particulier pour voir qu'un enfant était un opprimé et l'autre un oppresseur. Ils nous parlèrent d'enfants réellement passifs et doux, et d'autres qui se comportaient réellement comme des « méchants », des « voyous », des « brutes ».

« Est-ce que quelqu'un pourrait me donner un exemple ? » demandai-je.

« Mes deux filles, dit une femme. Je sais que c'est difficile à croire, mais c'est celle qui a trois ans qui est la brute. Elle arrache les choses des mains de sa sœur aînée, la griffe, la mord... et sa sœur reste là assise, comme une idiote, et elle encaisse. Elle n'essaie même pas de se défendre. Ça me tue de voir ça, mais je ne sais jamais quoi faire. »

« Que faites-vous ? » demandai-je.

Elle eut un rire embarrassé. « Sans doute juste ce qu'il ne faut pas faire, dit-elle. Je dis à la petite qu'elle est méchante et je la fais sortir de la pièce.

— Et ce qui est le plus rageant, ajoutai-je, c'est qu'une heure plus tard, elle recommence.

— Exactement ! s'exclama la femme. Sauf qu'habituellement

c'est une minute plus tard. Que puis-je faire d'autre ? Il faut bien que je l'arrête, n'est-ce pas ?

— Certainement. Mais le truc, c'est de l'arrêter d'une façon qui ne pousse pas chaque fille dans son rôle. »

Pour que la situation décrite soit plus parlante pour chacun, je demandai à la femme de faire semblant d'être sa fille de trois ans. Je serais la mère. Est-ce qu'il y avait un volontaire pour être la sœur aînée ? Il y en avait un. Nous avons joué la scène deux fois. La première fois, je m'occupai uniquement de « l'agresseur » de trois ans, et pas du tout de sa sœur. La deuxième fois, je m'occupai de la sœur aînée. Voici ce que cela a donné.

NE VOUS OCCUPEZ PAS DE L'AGRESSEUR

OCCUPEZ-VOUS PLUTÔT DE L'ENFANT AUQUEL ON A FAIT MAL

La femme qui avait joué le rôle de sa propre fille de trois ans était stupéfaite. « Quelle différence ! dit-elle. La première fois quand vous m'avez disputée, et secouée par le bras, je me suis dit : " C'est super. Là, j'ai vraiment Maman pour moi. " Mais la deuxième fois, quand vous vous êtes uniquement occupée de ma sœur, j'ai pensé : " Ça n'en vaut pas la peine. Je ne recommencerai pas. " »

« Mais imaginez que vous vous trompiez à propos de vos enfants ? dit une autre femme. Ma sœur passait son temps à me frapper, et ma mère en avait déduit que c'était elle la brute. Ce que ma mère ne savait pas, c'est que je provoquais ma sœur exprès pour qu'elle me frappe et qu'elle ait des ennuis. Ma mère ne l'a jamais compris. »

Il y eut de méchants petits sourires sur bon nombre de visages. De toute évidence ce scénario n'était pas rare entre frères et sœurs.

« C'est là une autre bonne raison, dis-je, pour ne pas enfermer nos enfants dans des rôles. Car bien que nous soyons aux premières loges pour observer leur façon de faire, il peut facilement nous arriver d'en tirer des conclusions fausses. »

La mère des deux filles secoua la tête.

« C'est possible, dit-elle, mais, à mon avis, chaque enfant naît avec une certaine nature et rien de ce que vous faites en tant que parent ne pourra y apporter de changement. Je sais que mes deux filles ont été différentes dès leur naissance. Elles étaient comme le jour et la nuit. La plus jeune a toujours été une petite rosse et l'aînée... »

J'avais cessé d'écouter. Je savais exactement ce qu'elle allait dire. Qui plus est, à une époque, j'aurais été tout à fait du même avis. Je soupirai intérieurement. Comment arriver à lui faire comprendre ? J'envisageai un moment de lui parler de mes propres fils, mais j'y renonçai. Il y avait un souvenir que je ne voulais pas revivre.

La pièce me parut soudain suffocante. La femme continuait à pérorer sur la permanence des traits de caractère. Elle arriva enfin à sa conclusion : « Et penser que l'on peut changer la nature humaine, c'est comme se frapper la tête contre un mur. »

Je parcourus la pièce des yeux, espérant trouver un champion pour défendre un autre point de vue. Il n'y en avait pas. Je ne voyais qu'un groupe de gens assis là, l'air résigné. Je pensai : « Et voilà. C'est parti. »

« J'ai moi-même éprouvé les mêmes sentiments que vous, dis-je lentement. Surtout au moment où mes fils étaient petits. J'avais décidé que mon fils aîné était une brute née, et que mon cadet était la douceur, la gentillesse incarnées. Et chaque jour m'apportait de nouvelles preuves que j'avais raison, parce que chaque jour David semblait plus méchant, et chaque jour Andy paraissait plus vulnérable, plus pathétique, plus dépendant de ma protection.

« Les choses changèrent quand les garçons eurent environ dix et sept ans. J'assistais à un cours du Dr Ginott et je l'entendis dire à peu près cela : Traitons nos enfants non pas en fonction de ce qu'ils sont, mais en fonction de ce que nous voudrions qu'ils deviennent. Cette pensée révolutionna ma façon de voir. Elle me permit de jeter sur mes garçons un regard neuf. Que désirais-je vraiment qu'ils deviennent ?

« La réponse ne fut pas facile à trouver. Il me fallut longtemps argumenter avec moi-même : Bien sûr, David pouvait se montrer méchant et agressif, mais il était aussi capable d'être gentil, de se dominer, d'obtenir ce qu'il voulait de façon pacifique. Voilà les qualités qu'il fallait l'aider à affirmer.

« De même, je savais qu'il fallait m'arrêter de considérer Andy comme une “ victime ” — me sortir de la tête cette étiquette. Je me suis dit : “ Il n'y a plus de victime dans cette maison. Il y a juste un garçon qui a besoin d'apprendre à se protéger et à exiger qu'on le respecte. ”

« Le seul fait de changer ma façon de penser opéra des miracles. Enfin, pour moi c'était un vrai miracle de voir comme les garçons réagissaient à mes nouvelles aspirations. J'ai relaté une partie de cette histoire dans mon précédent livre. Mais ce que je vais vous dire à présent, je ne l'ai pas écrit. » Je pris une grande respiration. Ce n'était pas par plaisir que j'allais déterrer ces faits.

« C'était un samedi matin. Les enfants allaient et venaient dans la cuisine. Je préparais le petit déjeuner. Je me sentais très en forme, je me félicitais de la façon dont mes garçons s'entendaient. Du coin de l'œil j'ai vu que David tenait une cuiller au-dessus de la plaque électrique dont je venais de retirer la bouilloire. Tout d'un coup, il a dit à Andy : “ Tu veux voir comme ça chauffe ? Viens. ” Andy s'est rapproché ; David l'attrapa et appuya la cuiller chauffée à blanc sur la peau nue du cou de son frère.

« Andy a hurlé de douleur. J'ai hurlé. David s'est sauvé en courant. J'ai soigné la brûlure de mon mieux, en essayant de consoler Andy. Puis, je suis allée m'asseoir dans ma chambre.

« Je ne pense pas m'être sentie aussi anéantie de toute ma vie. Ce que David avait fait était si froid, si cruel, si prémédité, si délibérément méchant que je me trouvais folle de lui avoir fait confiance. Jamais il ne changerait, quelle que soit la façon dont je le considérais. Il était né méchant. C'était de la mauvaise graine. Il n'avait rien de moi.

« J'ai alors entendu frapper à la porte. C'était David. Je pouvais à peine parler. “ Que veux-tu ? ” ai-je demandé.

« Il n'a pas répondu. Il n'a fait qu'entrer et rester là ; il paraissait petit et effrayé.

« Quelque chose en moi s'est révulsé. Je ne sais pas d'où sont venues ces paroles, mais je me suis entendue dire : “ Là, tu as fait quelque chose de trop bête. De vraiment, vraiment bête. Tu me fais penser à ton oncle Stu.

— Oncle Stu ?

— Oui, ton cher oncle Stu. Celui qui t'emmène pêcher, qui est tellement formidable. Eh bien ! en tant que petite sœur, je peux te dire qu'il n'était pas tellement formidable avec moi. Une fois il m'a arraché l'ongle du gros orteil, ça saignait, ça faisait un mal de chien, et il m'a fait promettre de ne rien dire à ma mère. ”

« David était sidéré. “ Et pourquoi il avait fait ça ?

— Parce que les enfants, quand ils grandissent, se font entre eux des choses dingues, stupides, cruelles, pour voir ce que cela donne. Mais cela ne veut pas dire qu'ils soient dingues ou cruels. ”

« J'ai vu David changer complètement de contenance. Il venait de commettre une action monstrueuse, tout à fait condamnable, mais si sa mère ne le considérait pas comme un monstre, et si son oncle, qui avait fait quelque chose de tellement méchant, avait bien tourné, alors, peut-être y avait-il de l'espoir pour lui.

« Après le départ de David, je suis restée assise sur le lit, à tourner et à retourner la scène dans ma tête. Tout d'un coup, il m'est apparu que le fait de penser à David d'une façon nouvelle n'était qu'une partie de la solution. Il fallait en plus exiger de lui qu'il se *conduise* différemment, et le rendre responsable de son changement de conduite. Voilà ce dont il avait besoin de la part des adultes avec qui il vivait.

« Une semaine plus tard, il m'a à nouveau provoquée. Il suivait son frère à travers le salon et le faisait pleurer en se moquant de lui. Mais, cette fois, je ne me suis pas effondrée. Au lieu de cela, je l'ai pris par les épaules, l'ai tourné vers moi et l'ai regardé dans les yeux : " David, ai-je dit avec force, tu es tout à fait capable d'être gentil. Alors *sois gentil.* "

« Il a souri d'un air penaud. Et les moqueries ont cessé. »

Tous les membres du groupe semblaient fascinés par mon histoire.

« Je suis impressionnée », dit quelqu'un. C'était la femme qui avait pris le parti de la nature contre l'éducation.

Je m'adressai directement à elle : « Votre observation tout à l'heure était juste : les enfants naissent avec des caractères différents. Mais nous, les parents, nous pouvons exercer une influence sur leur caractère, nous pouvons donner un coup de main à la nature. Faisons-le avec sagesse. N'attribuons pas à nos enfants des rôles qui les mettront en position d'échec. »

La femme paraissait troublée. « Mais je ne saurais même pas par où commencer, dit-elle. Comment m'y prendre ? Je veux dire que pour entreprendre avec mes enfants le même genre de changements que vous avec les vôtres, j'ai besoin de plus de conseils. »

Un père dit : « Je commence à entrevoir la complexité de l'entreprise. Si on veut aider un enfant à changer, il faut être prêt à s'occuper aussi des autres. »

J'eus une idée. « Pourquoi ne pas nous servir de l'exemple d'une famille avec deux enfants qui jouent des rôles opposés ? Voyons si nous pouvons trouver comment les sortir tous deux de ces rôles.

— D'accord, dit-il.

— Quel exemple allons-nous prendre ? » demandai-je.

Il n'hésita pas : « Pourquoi pas ce dont nous venons de parler — un enfant qui est une brute et l'autre qui est une victime ?

Parce que c'est ce que j'ai avec mon fils et ma fille... Si cela convient à tout le monde. »

Cela convenait parfaitement à tout le monde. De toute évidence, l'association brute/victime était bien classique.

Je réfléchis à la façon d'élaborer notre exercice, et je décidai qu'étant donné que nous étions la semaine précédente arrivés à la conclusion que le rôle d'un enfant au sein de la famille provenait de trois origines — les parents, les autres enfants et l'enfant lui-même — il serait peut-être logique de choisir un épisode illustrant le dommage causé par chacun de ces trois responsables, et de voir ce que nous pouvions y faire — éventuellement. Notre tâche serait double : permettre à la brute de s'ouvrir à la sensibilité, à la victime de libérer sa force.

Voici, sous forme de bandes dessinées, ce que nous avons élaboré.

PLUS DE « BRUTES »

Au lieu de traiter l'enfant
comme une brute…

Le parent peut l'aider à sentir
qu'il est capable
d'être aimable

Quand ses frères et sœurs
le considèrent comme une brute…

Les parents
peuvent aider les enfants
à voir leur frère différemment

Quand l'enfant
se considère lui-même
comme une brute…

Le parent peut l'aider
à se rendre compte
qu'il est capable d'être gentil

PLUS DE « VICTIMES »

Au lieu de traiter l'enfant
comme une victime...

Le parent peut lui montrer
comment se défendre

Quand ses frères et sœurs
la considèrent
comme une victime...

Les parents peuvent les aider
à voir leur sœur différemment

Quand l'enfant
se considère lui-même
comme une victime...

Le parent peut l'aider
à se rendre compte
de sa force potentielle

Nous étions satisfaits des exemples que nous avions trouvés, mais étions aussi surpris que cela nous ait pris si longtemps. Nous avions eu besoin de réflexion pour trouver un texte qui puisse aider les deux enfants à porter sur eux-mêmes un regard différent.

Je regardai ma montre. Il nous restait une demi-heure. Il me semblait que nous avions déjà bien fait le tour de notre sujet, et que nous pourrions mettre ce moment à profit pour réviser. Je distribuai des feuilles de « Bref rappel » que j'avais préparées à la maison et dis à tout le monde de faire une pause de cinq minutes pour se dégourdir les jambes.

Bref rappel...

QUE PERSONNE NE BLOQUE UN ENFANT DANS UN RÔLE

Ni ses parents

AU LIEU DE
Johnny est-ce toi qui a caché la balle de ton frère ? Pourquoi es-tu toujours aussi méchant ?

PARENT
Ton frère veut que tu lui rendes sa balle.

Ni l'enfant lui-même

JOHNNY
Je sais que je suis méchant.

PARENT
Tu peux aussi être gentil, si tu veux.

Ni ses frères et sœurs

SŒUR
Johnny, tu es méchant ! Papa il ne veut pas me prêter son scotch !

PARENT
Essaie de le lui demander autrement. Tu seras surprise de voir combien il peut être généreux.

Si Johnny s'attaque à son frère
occupez-vous de son frère
sans vous attaquer à Johnny

PARENT
Ça doit te faire mal. Laisse-moi te masser. Johnny a besoin d'apprendre à s'exprimer avec des mots, et non pas avec ses poings !

JAMAIS PLUS D'ENFANT A PROBLÈME

La pièce se vida. Quelques personnes se dirigèrent vers le distributeur à boissons, d'autres restaient à parler dans le hall. J'étais assise à mon bureau et je révisais mes notes pour voir ce que nous allions faire. En fait, nous avions vu tous les points les plus importants et même beaucoup plus. J'envisageai de finir la séance plus tôt.

Tout d'un coup je m'aperçus que je n'étais pas seule. Une femme se tenait devant mon bureau, attendant que je lève les yeux. Elle paraissait troublée. « Puis-je vous parler en tête à tête ? » murmura-t-elle.

Je lui fis signe de s'asseoir.

« Je suis très perturbée par toute cette discussion, dit-elle d'un trait. Vous impliquez que l'on peut délivrer tout enfant du rôle qu'il tend à jouer, quel que soit ce rôle. Mais les choses ne se passent pas ainsi. Avez-vous pensé à l'enfant qui est affligé d'un problème grave ou d'un handicap ? Le handicap devient un rôle en soi, et personne ne peut en délivrer l'enfant. »

Je ne voyais pas très bien où elle voulait en venir.

« Et ce n'est la faute de personne, ajouta-t-elle, la voix tremblante. Ce n'est pas la faute des parents. Ce n'est pas moi qui ai donné à mon fils des difficultés d'apprentissage. Ce n'est pas quelque chose que ses frères lui ont fait. Ce n'est certes pas quelque chose qu'il s'est fait à lui-même. Néanmoins, il est bel et bien coincé dans ce rôle, et ça personne n'y peut rien. »

C'était un problème sérieux. Il n'y aurait pas de séance écourtée ce soir.

« Je vous en prie, l'exhortai-je. Votre objection mérite que nous y réfléchissions tous. Seriez-vous d'accord pour faire profiter de vos observations tous les membres du groupe ?

— Je ne pense pas qu'ils... Je suis sans doute la seule à avoir... Enfin, si vous le voulez. »

Quand nous fûmes tous à nouveau rassemblés, elle répéta en substance devant le groupe ce qu'elle m'avait raconté.

Ils écoutèrent avec attention et lui demandèrent avec ménagement de plus amples détails.

« Eh bien ! dit-elle à contrecœur, chaque fois que Neil ne comprend pas quelque chose, il se jette par terre, il donne des coups de pied, dit des gros mots, fait des bruits bizarres et puis il répète qu'il est bête. Il se considère lui-même comme un enfant avec des difficultés d'apprentissage. C'est son rôle. Et c'est ainsi qu'il se comporte toute la journée. »

Les gens se remuèrent sur leur siège, visiblement mal à l'aise. Moi aussi j'étais mal à l'aise. Je n'aurais pas dû forcer cette femme à aller à l'encontre de son instinct qui lui dictait de ne pas révéler son douloureux problème à des personnes qui étaient évidemment incapables de comprendre son expérience. Chacun ici avait des enfants normaux, avec des problèmes normaux.

Une autre femme leva la main et se mit à parler d'une voix lente et décidée. « La situation que vous décrivez m'est familière. Mon fils, Jonathan, souffre d'une atteinte cérébrale motrice, et quels que soient nos efforts pour l'aider, il est constamment frustré par ce qu'il ne parvient pas à faire. Il est tout le temps furieux — contre moi, son frère, sa sœur, mais surtout contre lui-même. Je dirais que son identité est profondément affectée par son atteinte cérébrale motrice. »

Les membres du groupe avaient perdu la voix. C'était l'impasse. Les problèmes que ces mères avaient exposés paraissaient trop graves pour pouvoir être traités par aucune des techniques dont nous avions parlé ici.

Avec beaucoup de gentillesse, quelqu'un demanda à la mère de Jonathan : « Et comment votre fille réagit-elle à cette situation ?

— Oh ! Jennifer est tout simplement merveilleuse. Elle est très peu exigeante. »

Presque tous paraissaient soulagés. A l'exception d'un homme. Il avait le regard noir.

« Je suis sûr qu'elle est merveilleuse, dit-il d'un ton sec, mais elle ne devrait pas se donner le mal d'être merveilleuse. Ce n'est pas juste. C'est une enfant. Elle devrait se sentir libre d'être exigeante. Elle ne devrait pas être obligée de traverser son enfance sur la pointe des pieds pour compenser les problèmes de son frère. »

Quelques personnes, surprises par l'aigreur de son discours, lui jetèrent des regards effarés. Il ne leur prêta aucune attention et continua à s'adresser à la mère de Jonathan : « Je parle par expérience, dit-il. Mon jeune frère était un enfant maladif. A sept ans, il souffrait d'asthme ; à treize ans, il s'est mis à avoir des ulcères. Toutes les pensées de mes parents, toutes leurs paroles ne tournaient qu'autour des maladies de Donald. " L'asthme de Donald va mieux aujourd'hui "... " Les ulcères de Donald ont empiré aujourd'hui. " Ce dont j'avais besoin moi n'avait aucune importance. Je n'oublierai jamais la fois où j'ai demandé de l'argent à mon père pour aller au cinéma. J'avais alors quatorze ans. Il s'est mis en colère contre moi. Il m'a dit : " Comment peux-tu avoir l'idée d'aller au cinéma alors que ton frère est tellement malade ! " »

La mère de Jonathan paraissait vraiment désolée.

« Écoutez, continua-t-il, je ne minimise pas ce que vous endurez, mais croyez-en l'expérience de quelqu'un qui a été un de ces enfants " merveilleux ". C'est un rôle pourri. C'est une pression énorme que de devoir être merveilleux tout le temps. Les enfants ont le droit d'être ordinaires — ils méritent que l'on accorde autant d'importance à leurs besoins ordinaires qu'à l'enfant qui a un problème. »

« J'ai grandi avec une sœur handicapée, dit une autre femme avec amertume, et je sais exactement de quoi vous parlez. »

Son intervention me prit par surprise. Apparemment, plus d'une personne avait l'expérience personnelle d'un frère ou d'une sœur affligé de sérieux problèmes.

« Mes parents, continua la femme, me faisaient sentir que puisque j'étais normale, je ne méritais pas que l'on s'occupe de moi. Mais ma sœur était servie comme une reine, parce qu'elle vivait dans un fauteuil roulant. J'avais toujours l'impression qu'elle exagérait son incapacité, qu'elle en profitait. Si jamais je demandais quoi que ce soit, ma mère et ma grand-mère répondaient automatiquement : “ Tu devrais avoir honte. Ta sœur a tellement plus de besoins que toi. ” Et ensuite, elles ne comprenaient pas pourquoi je n'étais pas gentille avec elle. »

« Bon, dis-je lentement, en essayant d'assimiler ce que je venais d'entendre. Il semblerait bien que lorsqu'un enfant est considéré comme “ l'enfant à problème ”, pour une raison quelconque, certaines dynamiques se mettent en action :

- L'enfant à problème devient plus qu'un problème ;
- Les parents accablés se mettent à exiger des enfants normaux qu'ils agissent de façon à compenser le fardeau que représente l'enfant à problème ;
- Les besoins des frères et sœurs normaux sont niés ;
- Les frères et sœurs normaux se mettent à en vouloir à l'enfant à problème.

« Comment diable, continuai-je, peut-on avoir une bonne relation avec un frère — ou une sœur — à qui vous en voulez, en vous sentant coupable ?

— C'est impossible, dit l'homme. C'est là précisément le problème. »

Je ne savais plus quoi penser. « Alors, quelle solution voyez-vous ? »

Il répondit avec force : « Exactement ce que nous n'avons cessé de dire : n'enfermez pas les enfants dans des rôles. Considérez-les comme des êtres complets. Pourquoi faut-il faire une différence avec un enfant qui est handicapé ou maladif ? Mon frère Donald était plus que son asthme ou ses ulcères. »

La femme dont la sœur vivait dans un fauteuil roulant parla avec la même chaleur : « Je dirais : traitez tous les enfants comme des enfants normaux. Même les enfants qui ont de sérieux problèmes. Ils peuvent faire bien plus que ce dont nous les pensons capables. »

Leurs voix avaient l'accent de la conviction.

La théorie était magnifique. Mais pouvait-on la mettre en pratique ? Était-il réaliste de penser que l'on pouvait traiter des enfants comme s'ils étaient fondamentalement capables, fondamentalement normaux ; surtout quand ils étaient juste en train de manifester leur problème par leur comportement ? Cela paraissait une formidable gageure.

« Voyons si cela est possible, dis-je au groupe. Prenons les situations que vous avez évoquées plus tôt — l'enfant qui souffre d'une atteinte cérébrale motrice et qui exprime sa frustration par des cris, l'enfant qui se sent vaincu par ses problèmes d'apprentissage, l'enfant en chaise roulante qui se comporte de façon plus dépendante qu'il ne l'est et voyons si l'on peut dans ces moments éprouvants — traiter tous les enfants de la famille comme des enfants normaux. »

Après bien des discussions, voici ci-contre ce que nous avons réalisé.

De tout notre travail, de toutes nos discussions, une nouvelle conviction commençait à émerger. Plusieurs membres du groupe tentaient avec difficulté de l'exprimer, chacun se servant des idées des autres pour y parvenir :

« Ce que je vois à présent, c'est que le rôle des parents consiste à donner le ton, à faire bien comprendre que personne ne représente un problème dans la famille. »

« Certains peuvent avoir de plus grands besoins ou de plus grandes difficultés, mais tous doivent être acceptés comme ils sont. »

« Et chacun est capable de progresser et de changer. »

« Ce qui ne signifie pas que nous n'aurons pas de problèmes, mais nous nous attaquerons à chaque problème au fur et à mesure qu'il se présentera. La chose importante est de croire en soi. »

« Et de croire les uns aux autres. »

« Et de se soutenir les uns les autres, comme dans une équipe. Parce qu'une famille c'est vraiment cela. »

Mon regard balaya la pièce. Je pouvais pratiquement voir naître la détermination sur les visages. Au cours de cette séance, nous avions planté une graine de taille, et je me demandai ce qu'elle allait produire.

PLUS D'ENFANT À PROBLÈME
AU LIEU DE VOUS PRÉOCCUPER DES INCAPACITÉS DE L'ENFANT PRÉOCCUPEZ-VOUS DE SES CAPACITÉS

Au lieu de...

Encouragez les capacités

Au lieu de...

Encouragez les capacités

Au lieu de...

Encouragez les capacités

Bref rappel…

LES ENFANTS QUI ONT UN PROBLÈME
N'ONT PAS BESOIN QU'ON LES CONSIDÈRE COMME
DES ENFANTS QUI POSENT UN PROBLÈME

Mais ils ont besoin :

qu'on reconnaisse leur frustration :

« Ce n'est pas facile. Ça peut être frustrant. »

qu'on apprécie ce qu'ils ont accompli,
même si ce n'est pas parfait :

« Cette fois, tu as bien progressé. »

qu'on les aide à trouver les façons de faire :

« Ça c'est difficile. Que fais-tu dans un cas comme celui-ci ? »

LES RÉCITS

La graine germa. La seule idée que nous, en tant que parents, avions la capacité d'aider nos enfants à se libérer des rôles rigides dans lesquels ils étaient emprisonnés, stimulait l'imagination de chacun. D'un seul coup, il n'y avait plus de limite à ce qu'un enfant pouvait devenir. Des membres du groupe rapportèrent qu'au moment où ils avaient pris en eux la décision de percevoir leurs enfants avec un regard neuf, des événements imprévisibles étaient arrivés dans leur foyer.

> Depuis sa petite enfance, Claudia est une petite fille organisée. Elle est le genre d'enfant qui, sans que personne ne le lui dise, prend ses cubes et les range — par ordre de taille, s'il vous plaît. Gretchen, par contre, est une vraie tête de linotte. Jamais elle ne range quoi que ce soit, et jamais elle ne sait où se trouvent ses affaires. Et naturellement, le week-end dernier, quand j'ai découvert que mon placard était dans un fouillis lamentable, j'étais sur le point d'ouvrir la bouche pour dire automatiquement : « Viens ici, Claudia, toi qui es mon organisatrice. Il y a un travail pour toi. »
>
> Mais je me suis retenue. Au lieu de cela, je suis allée trouver Gretchen et je lui ai dit : « Gretchen, j'en ai assez. Il faut trouver une solution pour ce placard. Est-ce que tu peux m'aider ? »
>
> Elle m'a dit : « D'accord », et a sorti tout ce qui se trouvait dans le placard : les boîtes, les sacs, les pots, les

conserves, les ustensiles. Je me suis sentie devenir très nerveuse, pensant : « Jamais elle ne saura ranger tout ce fourbi, et pour finir c'est moi qui devrai le faire. »

Mais cette petite, non seulement s'est attelée à la tâche, mais ne l'a pas lâchée avant d'avoir brossé chaque étagère et tout rangé dans un ordre impeccable. Elle a même trouvé un tiroir pour placer mes sacs à provisions, ce qui fait, qu'en fin de compte, je me suis trouvée avec plus de place qu'avant.

N'est-ce pas incroyable ? C'est ma petite tête de linotte, la reine du fouillis (je plaisante) qui a effectué ce splendide travail !

Nous pensions que nous faisions un grand compliment à Michael en lui répétant sans cesse combien il était « grand ». C'était « Maman, Papa, notre grand garçon et le bébé ». Mais après la séance de la semaine dernière, Kay et moi, nous avons eu une longue conversation, et nous en sommes venus à la conclusion que nous avions privé Michael de son côté bébé. Par exemple, lorsque le bébé se mettait à ramper, nous disions : « Eh ! regarde ce qu'elle fait ! » avec beaucoup d'enthousiasme. Quand Michael se mettait à ramper par terre derrière elle, nous l'arrêtions et lui disions que ce n'était pas un comportement pour un grand garçon.

Nous avons donc entamé une véritable campagne. La première chose que nous avons faite, a été de laisser tomber complètement les étiquettes. Plus de « grand garçon », plus de « bébé ». Maintenant, c'est Michael et Julie. Et je crois que cela a eu des effets positifs. Hier, je tenais Julie sur un genou et Michael a grimpé sur l'autre. Il s'est mis à se balancer de haut en bas en disant : « Je suis superbébé ! » Puis, il m'a regardé pour voir comment j'allais réagir. J'ai souri en disant : « Salut superbébé ! » Depuis son jeu préféré c'est de s'asseoir sur mes genoux et de faire superbébé qui revient de la clinique en marchant, parlant, courant et nageant !

C'est mon premier essai pour aider Hal (la brute) et Timmy (la victime) à avoir une autre idée d'eux-mêmes.

J'entends dans la chambre des bruits qui ne me plaisent pas. Je vais voir et je trouve Hal, hilare, assis sur Timmy qui est plaqué au sol. Je suis sur le point de crier : « Hal, lève-toi ! Immédiatement, gros patapouf, avant de l'étouffer. » Mais je repense au cours.

MOI

(Essayant de paraître détendue.) Eh bien ! Timmy, tu as de la chance d'avoir un frère qui peut t'apprendre à chahuter sans être trop brutal. (Stupéfaction de Hal.)

MOI

Et Timmy, tu as de la chance d'être costaud et de pouvoir tenir le coup. (C'est au tour de Timmy d'être stupéfait.)

Je quitte la pièce en disant mes prières !

Pendant quelques minutes j'entends des boum, des bang, mais aucun cri. Et puis Timmy arrive à la cuisine en pleurant, Hal sur ses talons.

TIMMY

Il m'a fait mal !

MOI

(Pas certaine de pouvoir continuer de cette manière.) Dis-le à Hal. Alors il saura qu'il ne doit pas y mettre autant de force.

TIMMY

Je lui ai dit !

MOI

Redis-lui. Dis-lui que s'il refuse de t'écouter, tu ne voudras plus lutter avec lui. *Il doit accepter d'arrêter quand tu lui dis que tu as mal.* Hal n'est pas stupide. Il est capable de comprendre cela.

Ils échangent un regard et retournent en courant dans leur chambre. Quelques secondes plus tard, j'entends un cri perçant. Je me précipite. Avant d'arriver à la porte, j'entends :

HAL

Pardon ! J'ai dit : Pardon. Rends-moi mon coup de poing. Ouh ! Pas si fort. Allez viens, je vais te montrer comment faire un retournement de bras.

Encore des bruits sourds, puis CRAC !

J'ouvre la porte. Les étagères sont tombées, et tous les jeux, tous les livres sont éparpillés sur le sol.

MOI

Maintenant, je suis vraiment fâchée !!! Vous allez *tous les deux* avoir des problèmes. Ne vous avisez pas de reparaître devant moi avant d'avoir entièrement rangé la pièce.

Ils pouffent de rire, l'air coupable, et se mettent à ramasser les livres. Pour la première fois, ils sont du même côté de la barrière — complices dans le crime !

Je quitte la pièce avec une mimique de colère, mais au fond de moi, je suis ravie !

A partir du moment où les parents sont devenus conscients du fait que leurs paroles et leur comportement pouvaient enfermer un enfant dans un rôle, ils se mirent à faire davantage attention à ce que les enfants se disaient entre eux, et à ce qu'ils disaient les uns des autres. Alors qu'avant cette séance ils auraient pu laisser un enfant appliquer une étiquette à un autre sans réagir, à présent ils refusaient de laisser faire. Voici quelques extraits de dialogues racontés par écrit.

BILLY

(A moi, en présence de son frère Roy.) Je ne suis pas comme Roy. Il est timide. Moi je dis bonjour aux gens.

MÈRE

Apparemment, tu es content de pouvoir dire bonjour aux gens. Quand Roy décidera qu'il a envie de dire bonjour, il le fera lui aussi.

ALEX

Maman, Zachary est vraiment difficile à table. Il n'a même pas voulu goûter au thon.

MAMAN

Zach sait ce qu'il aime. Il essaiera le thon quand il sera prêt à cela.

PHILIPP

(A sa petite sœur.) Méchante !

PÈRE

Eh ! Je n'aime pas que mes enfants se traitent de méchant. Si tu ne veux pas que Kathy morde ton ours, alors donne-lui un de tes jouets à mâcher.

KAREN

Maman, j'ai perdu l'argent de mon déjeuner.

SŒUR

Encore ?

KAREN

Ce n'est pas ma faute. Ma poche a un trou.

SŒUR

Tu es tellement négligente.

MOI

Je ne te trouve pas négligente, Karen. Je pense qu'il faut seulement que tu trouves un endroit sûr pour garder ton argent.

Finalement, les parents furent convaincus que percevoir un enfant de façon négative avait pour effet de dégrader les relations entre frères et sœurs, et ils redoublèrent d'efforts pour amener au grand jour les côtés positifs de chaque enfant et de tous les membres de la famille.

> Ma plus jeune fille, Rachel, a toujours été plutôt « collante » — et encore plus maintenant que sa mère et moi avons divorcé. Ses sœurs n'ont fait qu'aggraver les choses en la traitant de « petite peste » et de « casse-pieds ».
>
> Je me demandais ce que je pouvais bien faire à ce propos, lorsque tout d'un coup je me suis souvenu d'un exercice que j'avais effectué dans une classe de relations humaines à l'université, et qui s'intitulait : « Le bombardement d'encouragements. » Chacun de nous devait trouver trois qualités que nous appréciions chez les autres étudiants présents, et je n'oublierai jamais la joie que j'avais ressentie en voyant la liste écrite à mon propos par les autres !
>
> Et donc, quand mes filles sont revenues passer le week-end avec moi, je leur ai dit de prendre chacune un coussin et de s'asseoir par terre dans le séjour. Je leur ai expliqué que nous allions ce soir-là faire quelque chose de spécial. Chacun de nous, à notre tour, nous allions dire trois choses que nous aimions à propos des autres, et j'écrirais ce qui serait dit sur une feuille séparée pour chaque fille. J'ai annoncé que nous allions commencer avec Rachel.
>
> Amy a dit : « Rachel est gentille. »
>
> J'ai dit : « Ce qu'il faut, c'est donner une qualité bien précise que vous appréciez chez Rachel. » Amy déclara : « J'aime la façon dont Rachel arrive en riant pour me raconter ce qu'elle regarde de drôle à la télévision. »
>
> Rachel se mit à sourire.
>
> « Encore », dit-elle.
>
> « J'aime la façon dont Rachel me demande de lui lire une histoire. »
>
> J'ai rassemblé en tout six autres commentaires sur Rachel. Puis, nous avons continué avec les autres filles. Les remarques sont devenues de plus en plus précises. Elles disaient des choses comme :

EMILY

J'aime tout ce que Amy imagine quand elle joue avec les poupées et quand elle les fait parler avec des phrases intelligentes.

AMY

J'aime les bonnes manières d'Emily, par exemple quand elle dit : « Passe-moi les pommes de terre, s'il te plaît. »

RACHEL

Parfois je me sens triste et Emily vient dans ma chambre, et j'aime sa façon de me prendre dans ses bras et de me dire : « Qu'est-ce que tu as, Rachel ? »

Plus nous continuions, et plus elles manifestaient d'enthousiasme les unes envers les autres. Alors Amy a demandé : « Est-ce qu'on peut aussi dire des choses qu'on aime à propos de soi ? »

J'ai dit : « Bien sûr », et j'ai ajouté encore des commentaires sur la liste de chacune des filles.

AMY

Quand un chat errant est effrayé, je sais comment lui parler calmement et le rassurer.

EMILY

J'aime bien la façon dont j'apprends à Rachel à jouer à des jeux.

RACHEL

J'aime bien la façon dont je me coiffe.

Pendant le reste du week-end, personne n'a ennuyé Rachel, et j'ai remarqué qu'avant de partir, chacune des filles s'est assurée qu'elle avait bien mis sa liste dans son sac.

Quand Jonathan (quatre ans et demi) était bébé, nous avons découvert qu'il souffrait d'ataxie (défaut de coordination). Nous savions que nous aurions tous à nous adapter à la situation, mais à notre surprise, ce qui nous fut le plus difficile, ce fut de renoncer à notre vie au grand air. Jusqu'alors, nous avions été une famille de sportifs. Bill et moi adorons partir sac au dos, et Jennifer, à huit ans, est une véritable athlète. Elle est parfaitement coordonnée et a un bon équilibre. Elle fait du patin à glace, joue au tennis, nage et elle est la plus rapide de son école à la course à pied.

Jennifer, le week-end, passait son temps à nous supplier de l'emmener patiner, et l'un de nous l'accompagnait en général, ce qui signifiait que l'autre devait rester à la maison avec Jonathan. Nous essayions d'expliquer à Jen que son frère n'était pas capable de participer à des activités normales, mais elle ne faisait que se plaindre qu'il « lui gâchait la vie ».

Bien après notre dernière séance, il me vint à l'esprit que je faisais du tort à Jon et à Jen en étant obnubilé par ce qu'il ne pouvait pas faire et en lui demandant à elle de comprendre que son frère n'était pas normal. Samedi matin, nous avons tenu une réunion familiale, et j'ai annoncé à tout le monde qu'à partir de ce moment, notre famille allait instaurer ce qui pour nous serait une « nouvelle façon d'être normal ». Dès ce jour, notre vie serait différente des autres familles, mais elle correspondrait à *notre* façon d'être normal. Chaque membre de la famille serait accepté tel qu'il est, complètement, sans condition. Chacun participerait ou ne participerait pas aux projets familiaux ou aux sorties ou aux sports selon son désir, et à son niveau. Ensuite, nous nous sommes tous préparés pour aller patiner.

Jennifer a été la première sur la glace. Elle s'est élancée, rapide comme le vent et tellement gracieuse. Puis Jonathan a mis le pied sur la glace — équipé de patins loués, d'un casque, un oreiller devant, un oreiller derrière (attachés avec la ceinture de Papa) et avec deux adultes pour le soutenir — un de chaque côté.

Nous avons mis quinze minutes pour faire le tour de la patinoire avec Jon, mais il était ravi. Jen est passée près de nous à toute vitesse une bonne vingtaine de fois, en encourageant son frère de la voix. Comme nous quittions la glace, Jon nous a fait un large sourire en déclarant : « Eh bien ! je parie que vous ne pensiez pas que je pouvais patiner aussi bien ! »

6

Quand les enfants se disputent

COMMENT INTERVENIR UTILEMENT

Finalement. Les disputes.

« Est-ce qu'on y arrive enfin ? demanda une femme. Plus de raisons pour remettre ce sujet à plus tard ? Parce que j'attends ce moment depuis la première séance.

— Ne me dites pas que vos enfants continuent à se disputer », dis-je feignant d'être horrifiée.

Elle n'était pas d'humeur à plaisanter. « Bien moins qu'avant, dit-elle avec sérieux. J'ai changé ma façon de faire pour beaucoup de choses et il est évident qu'ils s'entendent mieux. Mais quand ils se disputent, j'ai toujours du mal à en venir à bout. »

« Que conseille-t-on généralement de faire quand les enfants se disputent ? demandai-je à la cantonade.

— Rester en dehors, répondirent plusieurs personnes, presque à l'unisson.

— Quoi d'autre ?

— Laisser les enfants se débrouiller tout seuls.

— Pourquoi ?

— Parce que dès que l'on intervient, les enfants vont automatiquement vouloir que l'on prenne parti. »

« Et si on met fin à leur discussion pour eux, jamais ils n'apprendront à résoudre les choses par eux-mêmes. »

« Donc, dis-je, tous vous semblez d'accord pour dire que c'est une bonne idée — chaque fois que possible — d'ignorer leurs chamailleries en vous disant que, pour les enfants, c'est une expérience profitable de régler eux-mêmes leurs différends. »

La femme qui avait ouvert notre séance n'était pas satisfaite de mon résumé. « Ce dont je parle, ce n'est pas une petite chamaillerie, dit-elle. Je parle de hurlements, de gros mots, d'objets lancés. Cela, je ne peux pas l'ignorer.

— C'est exactement ce dont nous allons discuter ce soir, dis-je. Comment intervenir utilement dans les disputes des enfants, lorsque nous sentons qu'il le faut. Mais en premier, je pense qu'il est important de prendre un moment pour nous demander s'il y a des causes de disputes que nous n'avons pas encore évoquées. »

Je m'adressais à un groupe d'experts. Leurs réponses se succédèrent avec rapidité :

« Ma fille se dispute pour des problèmes de propriété — tout ce qu'elle a est à elle, et tout ce que son frère a devrait être à elle. »

« La mienne se dispute pour son territoire — Papaaaa ! il a mis le pied dans *ma chambre* ! »

« Je sais que j'avais l'habitude de me disputer avec ma sœur pour obliger mon père à prendre mon parti, pour prouver que j'étais sa préférée. »

« Cela va peut-être paraître tiré par les cheveux, mais je pense que des enfants de sexe opposé peuvent entamer une dispute pour surmonter les attirances d'ordre sexuel qu'ils pourraient éprouver l'un envers l'autre. C'est une façon de se maintenir à bonne distance. »

Quelques personnes haussèrent les sourcils, mais personne n'en disconvint. La liste continua à s'allonger :

« Parfois les enfants entament une querelle parce qu'ils sont furieux contre eux-mêmes et ont besoin de quelqu'un sur qui se défouler. »

« Ou parce qu'ils sont furieux contre un ami et qu'il ne peuvent le frapper, alors ils frappent un frère. »

« Ou parce que la maîtresse les a grondés en classe. »

« Ou parce qu'ils n'ont rien de mieux à faire. C'est ce qui se passe avec mon fils et sa petite sœur. Il s'acharne sur elle par pur ennui. Il dit : " Est-ce que tu sais que tes jambes vont se détacher ? Est-ce que tu sais que quand tu es née, tu étais un chien ? " »

« Mon fils s'en prend à son petit frère pour avoir l'impression d'être un caïd. Un jour qu'il le provoquait, j'ai dit d'un ton sarcastique : “ Alors, c'est amusant d'embêter ton frère, n'est-ce pas ? ” Et il a répondu : “ Oui, cela me donne des forces. J'en ai besoin pour jouer au football. ”

« Mes enfants se disputent parce qu'ils adorent me voir dans tous mes états. Deux minutes après que je les ai mis au lit, j'entends : “ Mamaaan ! il me saute dessus ! Mamaaan ! il est dans ma chambre ! ” Je monte les escaliers quatre à quatre en hurlant : “ Qu'est-ce qui se passe ? Arrêtez ! Arrêtez ! ” Ça m'a pris des semaines pour découvrir ce qui se passait. Ils ont fini par m'avouer qu'ils donnaient des coups sur le mur qui les séparait en faisant semblant de se battre. Tout cela dans le but de me faire monter six fois par soirée. Ils trouvaient que c'était formidable. »

Quelques rires, quelques grognements, quelques soupirs.

« Chez moi, il n'y a rien qui prête à rire, dit la femme qui avait ouvert la discussion. Certaines des choses que font mes fils me terrifient. L'autre jour, ils se lançaient à la figure des cubes de bois vraiment lourds. Après avoir mis fin au combat, et les avoir envoyés chacun dans sa chambre, j'avais tellement mal à la tête que j'ai dû m'allonger. Et alors que j'étais sur mon lit, un linge sur la tête, je les entendais rire et recommencer à jouer ensemble. Je pensais : “ Tant mieux pour eux ! Je suis contente qu'ils en aient fini. Moi, j'ai la migraine. ”

— Voilà un mal de tête pour lequel nous pouvons faire quelque chose, dis-je. Je vous propose de commencer par examiner comment nous avons l'habitude de réagir aux disputes des enfants. » Je demandai deux volontaires — un pour faire le grand frère, et l'autre pour faire sa petite sœur.

« C'est pour moi », dit un homme en se levant de sa chaise.

« Et moi, dit une jeune femme en s'avançant. Je suis restée la petite sœur, dans ma famille. »

Je m'adressai en premier au « grand frère ». « Vous avez environ huit ans. C'est une matinée pluvieuse, interminable, et vous êtes à la recherche d'une activité. Tout d'un coup, vos yeux tombent sur vos vieux cubes et sur une série de petits animaux. (Je lui tendis un sac de cubes et un sac d'animaux en plastique.) Ce sont plutôt des jouets pour les petits, mais vous avez une idée ! Vous allez faire un zoo, avec peut-être une jungle pour les singes et une piscine pour les phoques... Il y a toutes sortes de possibilités. »

L'homme qui faisait le frère aîné s'assit par terre, et se mit à ranger ses animaux et à échafauder une construction. Alors qu'il était tout occupé par ses travaux, je pris à part la « petite sœur » et lui parlai à l'oreille. « Vous non plus vous ne savez pas quoi faire ce matin. Cela fait longtemps que vous ne jouez plus avec ces vieux cubes et ces ennuyeux animaux, mais ça semble tellement amuser votre frère que vous vous laissez tomber juste à côté de lui et que vous dites : “ Moi aussi je veux jouer. ” »

Je revins à mon siège et tous nous attendîmes ce qui allait se passer.

Le grabuge ne tarda pas :

SŒUR

Moi aussi je veux jouer.

FRÈRE

Non. Je fais un zoo et je veux le faire tout seul.

SŒUR

(Saisissant le zèbre et deux cubes) Si je veux, j'ai aussi le droit de jouer.

FRÈRE

Non, tu n'as pas le droit. Rends-moi ça !

SŒUR

Si, j'ai le droit. C'est à moi !

FRÈRE

Je les ai pris en premier !

SŒUR

J'ai le droit de les prendre si je veux. Papa les a donnés aussi pour moi.

FRÈRE

(Lui prenant la main et l'obligeant à écarter les doigts) Donne.

SŒUR

Aïe ! Tu me fais mal.

FRÈRE

J'ai dit : Donne !

SŒUR

Mamaaan ! il me fait mal. Dis-lui d'arrêter ! Mamaaan !

Je me tournai vers les parents : « Dans un cas pareil, qu'avez-vous l'habitude de faire ? Soyez francs. Dites-nous simplement la première chose qui vous vient à l'esprit. »

« Je me précipiterais pour leur dire d'arrêter. »

« Je confisquerais les jouets et les enverrais tous deux dans leur chambre. »

« Je leur dirais qu'ils se conduisent comme des bêtes. »

« J'essaierais de les convaincre de jouer gentiment ensemble et de partager. »

« J'irais au fond des choses pour trouver qui a commencé. »

« Je prendrais le parti du grand. C'est lui qui a pris les jouets en premier. »

« Je prendrais le parti de la petite, et dirais au grand de trouver un autre jeu. »

« Je leur dirais que leur dispute me rend malade. »

« Je leur dirais que je me moque de savoir qui a commencé, que je veux seulement qu'ils arrêtent. »

Je dis : « Voici une occasion unique. Je voudrais que vous répétiez ce que vous venez de dire à ces " prétendus enfants " afin que vous voyez par vous-mêmes quel effet vos paroles ont sur eux. »

Chaque parent à son tour alla rejoindre les enfants en conflit, et y alla de son « petit sermon » pour faire cesser la dispute. Après chaque intervention, les « enfants » exprimaient leur réaction. Voici, sous forme de bandes dessinées ce que cela a donné (vous verrez le même père faire l'une après l'autre les différentes tentatives) :

DES RÉACTIONS QUI N'AIDENT PAS DES ENFANTS EN TRAIN DE SE DISPUTER

DES RÉACTIONS QUI N'AIDENT PAS DES ENFANTS EN TRAIN DE SE DISPUTER

Quand nous fûmes parvenus à la fin de l'exercice, il était malheureusement évident pour tout le monde que les façons classiques d'intervenir dans les disputes des enfants ne faisaient qu'aggraver leur frustration et leur rancune.

Je me mis donc à faire la démonstration d'une autre façon d'aborder le problème pour les parents. Tout d'abord, j'énonçai les points que j'avais l'intention de garder en tête tandis que j'allais m'immiscer dans la querelle :

1. Commencer par reconnaître les griefs des enfants l'un envers l'autre. Ce seul fait devrait aider à les calmer.

2. Écouter la version de chaque enfant avec respect.

3. Reconnaître la gravité du problème.

4. Manifester de la confiance quant à leur capacité de trouver une solution qui leur convienne mutuellement.

5. Quitter la pièce.

Voici à nouveau, toujours par le truchement des mêmes bandes dessinées, ce qui arriva quand j'essayai de mettre en pratique chacun de ces points.

COMMENT RÉAGIR DE FAÇON A AIDER DES ENFANTS EN TRAIN DE SE DISPUTER

LES ENFANTS CHERCHENT LA SOLUTION

L'exercice une fois terminé, je demandai aux « enfants » de m'en dire plus à propos de leurs réactions à mon intervention.

FRÈRE

J'ai eu le sentiment que vous me respectiez et que vous aviez confiance en moi. J'ai également apprécié que vous conseilliez une solution qui soit équitable pour chacun de nous. Cela voulait dire que je n'avais pas besoin de céder.

SŒUR

J'ai eu l'impression d'être une grande. Mais c'était une bonne chose que vous quittiez la pièce, sinon j'aurais pu faire une comédie à votre intention, et recommencer à hurler.

A présent c'était au groupe de me poser des questions.

« Et si les enfants n'ont pas la moindre idée de la façon de s'entendre ? Les deux miens resteraient là à se regarder en chiens de faïence. »

« Dans ce cas, vous pourriez d'un air détaché faire une ou deux suggestions avant de partir. Comme : “ Jouez chacun à votre tour... Ou jouez ensemble. Parlez-en entre vous. Vous trouverez bien. ” »

« Et s'ils essaient de trouver une solution et que cela se termine par des hurlements ? Alors ? »

Je m'adressai à nouveau aux « prétendus enfants », comme si j'étais leur mère : « Je vais faire une chose, dis-je, qui peut ne pas plaire à l'un de vous. C'est moi qui vais décider de ce qui revient à chacun. Vous, le frère, vous pouvez continuer à faire votre zoo. La sœur, vous venez avec moi me tenir compagnie. Mais ce soir, après dîner, nous devrions tous avoir une conversation. Il faut établir des règles, savoir que faire lorsqu'un enfant joue à quelque chose et que l'autre veut aussi y jouer. »

Le commentaire suivant vint de la femme à la migraine. « Mais nous n'avons toujours pas parlé de ce qu'il faut faire quand les enfants courent réellement le danger de se blesser. »

« Nous allons tout de suite voir cela, dis-je. Vous entrez dans la chambre et vous trouvez votre plus jeune fils debout sur une chaise, menaçant de lancer un camion en métal à la tête de son frère. Et l'aîné menace le plus jeune de sa batte de base-ball. — C'est cela, s'exclama-t-elle. C'est exactement ce qui pourrait se passer avec mes enfants. »

« Malheureusement, dis-je ; ça s'est vraiment passé avec les miens, et les dessins que je vais vous distribuer à présent illustrent les techniques qui m'ont sauvée — et qui ont sauvé mes garçons — à plus d'une reprise. »

Toutes les mains se tendirent pour prendre mes polycopiés.

QUAND LA DISPUTE TOURNE A LA BAGARRE

1. Décrivez

2. Fixez des limites

3. Séparez-les

« Ce qui me plaît dans ces techniques, dis-je, c'est l'autorité que leur utilisation m'a procurée. Ma description énergique, à voix forte, de ce que je voyais mes enfants sur le point de faire les stupéfiait, et les arrêtait dans leur élan. Ma détermination inébranlable qu'aucune violence ne serait tolérée à la maison l'emportait sur leur agressivité. Et en fin de compte, je voyais qu'ils étaient reconnaissants d'avoir un parent assez attentif pour les protéger l'un de l'autre. »

« Vos enfants ont eu de la chance, dit un homme avec tristesse. Mon frère jumeau m'a littéralement tyrannisé quand j'étais enfant, et mes parents ne s'en rendaient pas compte. Ils pouvaient me voir, en plein milieu du salon, me faire battre comme plâtre, sans réagir ou faire la moindre attention. Pour eux, c'étaient juste des disputes d'enfants. Je me demandais toujours : " Comment peuvent-ils le laisser faire ? Qu'est-ce qui les empêche de l'arrêter ? " Juste là, il y avait ces parents, grands, forts. Vous pensez qu'ils auraient eu l'idée de faire asseoir cet enfant pour lui expliquer qu'en aucune manière il ne pouvait me traiter comme un punching-ball. Mais, je ne sais pourquoi, ils ne l'ont jamais fait, ou tout du moins, jamais de manière à ce que cela ait de l'effet sur mon frère. »

« Est-ce possible, demanda un autre homme, que vos parents ne se soient pas rendu compte de ce qui se passait ? Peut-être pensaient-ils que vous ne faisiez que chahuter ? Je sais qu'avec mes enfants, la limite entre la bagarre pour rire et pour de vrai est parfois très mince. Et je ne suis pas toujours capable de faire la différence.

— Si vous n'êtes pas sûr, dis-je, c'est une bonne idée de demander carrément aux enfants : Est-ce que vous jouez à vous battre, ou est-ce que c'est sérieux ? Parfois ils répondront : " On fait semblant " et deux minutes plus tard vous entendrez des cris. C'est le signal pour revenir leur dire : " Je vois que c'est devenu une vraie bagarre avec de vrais coups qui font mal, et ça, c'est interdit. C'est le moment de vous séparer. "

— Mais si l'un d'eux dit : " On fait semblant " et que l'autre dit : " Non, c'est pour de vrai. Il m'a fait mal. "

— C'est l'occasion pour vous, répondis-je, d'établir une autre " règle de la maison ". *On ne fait semblant de se battre que si tout le monde est d'accord.* Si quelqu'un n'aime pas le chahut, alors il faut s'arrêter. Il est important d'instaurer le principe qu'un enfant ne doit pas s'amuser aux dépens de l'autre. »

« Si seulement ma mère et mon père avaient su cela, dit une femme. Le souvenir le plus horrible de mon enfance, c'est quand mes frères me tenaient la tête en bas pour m'infliger ce qu'ils appelaient le supplice du chatouillement. Ils me faisaient rire jusqu'à ce que je ne puisse pratiquement plus respirer. Et mes parents les laissaient faire. Ils pensaient que tout le monde s'amusait. Aucun d'eux ne songeait à me demander si cela me convenait. »

« Je ne comprends plus très bien, dit un autre père. Au commencement de la séance, nous sommes tombés d'accord sur le fait qu'il était important de rester en dehors des disputes des enfants. Mais depuis, tout ce que j'entends c'est que nous devons intervenir. J'ai l'impression de recevoir deux messages différents.

— Ces deux messages ont leur raison d'être, dis-je. Il faut que les enfants aient la possibilité de résoudre leurs propres différends. Mais les enfants ont aussi droit à l'intervention d'un adulte quand cela est nécessaire. Si un enfant est maltraité par un autre, physiquement ou verbalement, nous devons intervenir. S'il y a un problème qui revient sans cesse sans que les enfants lui aient trouvé une solution, nous devons intervenir.

« Mais voici où intervient la différence : nous n'intervenons pas simplement pour régler une dispute, ou pour proférer un jugement, mais pour rétablir des voies de communication bloquées, afin que les enfants puissent à nouveau s'entendre.

— Et s'ils n'y parviennent pas ?

— Cela peut arriver, dis-je. Il y a des problèmes qui sont tellement chargés en émotions que les enfants ne sont pas capables d'en venir à bout. Ils ont besoin de la présence d'un adulte impartial. Et c'est ce dont nous allons parler la semaine prochaine — comment nous pouvons aider nos enfants en cas de gros problème.

« En attendant, vous avez beaucoup de nouvelles techniques à expérimenter, et je suis certaine que vos enfants vous fourniront toutes les occasions de vous entraîner ! »

« Attendez, vous allez voir, dit une femme. Cette semaine, juste pour me narguer, ils ne se disputeront pas. »

Son mari se pencha vers elle et la rassura d'une petite tape :

« Ma chérie, avec nos enfants, il n'y a pas de crainte à avoir. »

Bref rappel...

COMMENT RÉGLER LES DISPUTES

Niveau I : Chamailleries normales

1. Ignorez-les. Pensez à vos prochaines vacances.

2. Dites-vous que vos enfants, en réglant leurs conflits, font une expérience importante pour eux.

Niveau II : La situation se dégrade ; l'intervention d'un adulte peut être utile

1. *Reconnaissez leur colère.*
   « Vous avez l'air furieux l'un contre l'autre. »

2. *Exprimez le point de vue de chaque enfant.*
   « Alors, Sara, tu veux garder le petit chien parce qu'il vient de s'installer dans tes bras. Et toi Billy, tu trouves que tu as aussi le droit de le prendre. »

3. *Décrivez le problème avec respect.*
   « C'est un cas difficile : deux enfants et seulement un petit chien. »

4. *Manifestez votre confiance dans la capacité des enfants à trouver leur propre solution.*
   « J'ai confiance en vous pour trouver une solution qui soit équitable pour vous deux... et juste pour le chien. »

5. *Quittez la pièce.*

Niveau III : Situation potentiellement dangereuse

1. *Informez-vous.*
« Est-ce une bagarre pour rire ou une vraie bagarre ? » (On a le droit de se battre pour jouer. Mais pas le droit de se battre réellement.)

2. *Informez les enfants.*
« On a le droit de se battre pour jouer si tout le monde est d'accord. » (Si cela n'amuse pas les deux enfants, il faut arrêter.)

Niveau IV : Situation vraiment dangereuse. Intervention de l'adulte indispensable.

1. *Décrivez ce que vous voyez.*
« Je vois deux enfants très en colère qui vont se faire du mal. »

2. *Séparez les enfants.*
« Ensemble vous n'êtes pas en sécurité. Il faut prendre le temps de vous calmer. Vite, toi dans ta chambre, et toi dans la tienne. »

COMMENT INTERVENIR SANS POUR AUTANT S'ENGAGER

Nous eûmes quelques difficultés à démarrer la séance suivante. Certaines personnes étaient impatientes de raconter de quelle manière elles avaient réglé les disputes de leurs enfants. D'autres voulaient reprendre là où nous en étions restés la semaine précédente.

La tension monta entre les deux camps opposés.

Un père sourit et cria : « La dispute ! La dispute ! »

Un autre tapa sur son bureau et hurla : « Je veux raconter... Je veux raconter maintenant ! »

Je rentrai dans le jeu. « Certains d'entre vous ne peuvent attendre de raconter à tous comment ils ont mis en pratique les nouvelles techniques pendant cette semaine. »

« Oui ! » cria-t-il.

« Et certains, dis-je en me tournant vers les autres, sont impatients de recevoir de nouveaux conseils. Vous ne voulez pas entendre les récits. Vous voulez en savoir plus sur la façon de régler les disputes ! »

Un chœur de « Oui ! » et de rires.

« Que faire dans un cas comme celui-ci ? » demandai-je.

Tout le monde se mit d'accord avec bonhomie : nous allions nous comporter en adultes et remettre à plus tard notre récompense. Nous allions attaquer les problèmes sérieux en premier, et garder vingt minutes à la fin de la séance pour les récits.

« La semaine dernière, commençai-je, nous avons établi que certains enfants pouvaient créer entre eux des conflits tels qu'ils étaient incapables de les résoudre par eux-mêmes. Pourtant notre tendance en tant qu'adultes est de prendre à la légère les querelles d'enfants, de les écarter comme des " histoires de gosses " et d'espérer que cela passera, d'une façon ou d'une autre. Mais il est important pour nous d'avoir conscience que certains problèmes entre frères et sœurs ne " passent " pas. Ils persistent et se transforment en une source de stress grave pour les enfants.

« Comment est-ce que je le sais ? Parce que j'ai interviewé des jeunes qui m'ont dit sans détour combien ils étaient malheureux à cause de ce que leur faisaient leurs frères ou sœurs. »

Je pris mon carnet de notes et cherchai la liste que j'avais établie. « Voici juste quelques exemples, mot à mot, de ce que ces enfants avaient à dire :

" Ma sœur aînée me crie après tout le temps comme si elle était ma mère. "

" Mon frère reste tout le temps assis pendant que c'est moi qui fais tout. Il dit que c'est mon travail parce que je suis une fille. "

" Mon frère dit que j'ai une voix horrible et m'empêche de chanter à la maison. "

" Ma sœur m'embête jusqu'à ce que je la frappe, et c'est moi qui me fais gronder. "

" Mon frère est méchant avec mes animaux. Il prend mes souris par la queue et il fait exprès de les laisser tomber. "

" Quand mes parents sortent, mon frère me donne des ordres et il me frappe si je n'obéis pas. "

« Quand j'ai demandé à ces enfants s'ils avaient jamais essayé de raconter à leurs parents leurs problèmes, à chaque fois la réponse fut ou bien : " Ils refusent de m'écouter " ou " Ils disent que j'exagère " ou " Ils disent de me débrouiller avec mon frère. " »

Je posai mon carnet et levai les yeux sur des visages qui paraissaient très préoccupés.

Une longue discussion s'ensuivit. Nous nous posâmes quelques questions difficiles : Comment pourrions-nous surmonter notre résistance initiale à prendre les enfants au sérieux ? Comment pourrions-nous faire en sorte que nous les écoutions et qu'eux s'écoutent l'un l'autre ?

Voici la procédure sur laquelle nous finîmes par tomber d'accord (nous avons utilisé comme exemple le cas de la fille qui se plaignait que son frère lui donnait des ordres et la frappait quand ses parents n'étaient pas à la maison) :

AIDER LES ENFANTS A RÉSOUDRE UN CONFLIT DIFFICILE

1. Réunissez les personnes concernées et expliquez le but de la réunion.

« Il y a dans notre famille une situation qui provoque un malaise. Nous devons envisager les moyens d'aider les uns et les autres à se sentir mieux. »

2. Expliquez à chacun les règles fondamentales.

« Nous nous sommes réunis parce que Janie a un problème. D'abord nous écouterons Janie — sans l'interrompre. Quand elle aura terminé, nous avons l'intention d'entendre ta version des choses, Billy, et personne ne t'interrompra. »

3. Mettez par écrit ce que ressent chaque enfant et ce qui le préoccupe. Lisez vos notes tout haut devant les deux enfants pour vous assurer que vous les avez bien compris.

« Janie a peur lorsque nous sortons. Elle dit que Bill est méchant avec elle. La dernière fois il a éteint la télévision, l'a fait sortir de force du canapé en lui faisant mal au bras. »

« Bill dit qu'il a éteint la télévision seulement parce qu'elle l'avait regardée trop longtemps et qu'elle ne voulait pas lui obéir. Il pense qu'il l'a tirée par le bras doucement et qu'il ne peut en aucun cas lui avoir fait mal. »

4. Permettez à chaque enfant de réfuter la version de l'autre.

JANIE
J'ai une marque bleue et noire pour prouver que tu m'as fait mal. Et pour mon émission, il n'y avait plus que cinq minutes avant la fin !

BILL
C'est une vieille marque. Et l'émission venait de commencer.

5. Engagez chacun à suggérer autant de solutions que possible. Mettez par écrit toutes les idées, sans les juger. Laissez les enfants commencer.

BILL
Janie devrait m'obéir parce que je suis plus grand.

JANIE
Bill ne devrait pas avoir le droit de me dire ce que je dois faire, ni de me faire mal.

PARENT
On pourrait prendre une baby-sitter.

BILL
Me laisser sortir.

JANIE
Me laisser inviter une amie.

BILL
Avant le départ de Maman et Papa, fixer une heure pour la télévision et pour le lit.

JANIE
Chacun devrait être son propre chef ; chacun devrait être responsable de soi.

6. Choisir les solutions qui conviennent à tout le monde.

Pas de baby-sitter.
Pas de coups.

Pas d'ordres.
L'horaire télévision prévu à l'avance avec les parents.
Chacun responsable de soi.

7. Le suivi.

« Nous nous réunirons à nouveau dimanche prochain pour voir si nous sommes satisfaits de la façon dont les choses se passent. »

Pendant toute notre discussion, un homme n'avait pas cessé de grommeler et de manifester sa mauvaise humeur. Quand ce fut terminé, je lui annonçai que maintenant la parole était à lui.

« Pour ma part, déclara-t-il, je trouve toute cette procédure trop " coulante ". Si mon fils avait fait cela à ma fille, il ne s'en serait pas tiré aussi facilement. Je lui aurais dit, de façon claire et nette : " Si j'apprends une fois de plus que tu as porté la main sur ta sœur en notre absence, tu vas avoir affaire à moi, mon petit ami. " Il leva le poing. Et cela ne sera pas une partie de plaisir. »

Quelques personnes l'approuvèrent bruyamment : « Très bien, très bien ! »... « Vous avez raison ! »... « Il faut être sévère ! »

Puis vint la réaction opposée :

« Ce serait peut-être le moyen de vous soulager vous-même, mais votre fille pourrait avoir encore plus à redouter de votre fils. Parce qu'il trouverait le moyen de se venger sur elle. »

« Non seulement cela, mais qu'auriez-vous appris à votre fils ? A laisser la discipline entre les mains de son père, au lieu de se prendre lui-même en charge. »

« Et pourquoi êtes-vous si pressé de croire votre fille et non pas votre fils ? C'est peut-être elle qui ment ? »

L'homme ouvrit la bouche pour répondre, mais après réflexion préféra garder le silence.

Un autre père reprit le flambeau de la contestation : « Je ne vois pas pourquoi chaque dispute des enfants doit se transformer en une longue séance d'explications. A mon avis, il y a un moment où les parents doivent intervenir, prendre le relais, même si cela signifie prendre parti.

— Quand, par exemple ? demandai-je.

— Par exemple quand un enfant est complètement déraisonnable.

— C'est-à-dire ?

— Eh bien ! dimanche dernier, nous nous préparions tous à aller faire une promenade à bicyclette, et j'ai entendu mon fils supplier ma fille de lui prêter son vieux sac à dos. Elle refusait catégoriquement. Elle disait qu'il l'abîmerait. L'abîmer ? Quelle blague ! Cette chose est mûre pour la poubelle, et c'est d'ailleurs la raison pour laquelle nous lui en avons acheté un neuf. Ça m'a mis hors de moi, et je lui ai crié : “ Donne ce sac à dos à ton frère, immédiatement ! ”

— Et l'a-t-elle fait ? demandai-je.

— Il y a intérêt. Je lui ai dit que si elle n'obéissait pas, elle pouvait rester à la maison.

— Et comment a-t-elle réagi à la menace ?

— Elle a boudé un moment. Et alors ? Elle a appris que dans une famille il faut partager. »

« Moi cela ne m'apprendrait pas à partager, dit une femme avec indignation. J'aurais été furieuse que mon père m'ait fait cela. Les choses ne sont pas simplement des choses. Elles font partie de soi ; elles sont associées à des souvenirs. J'ai dans mon placard un tricot mangé aux mites que je n'ai pas porté depuis des années, mais je ne le prêterais à personne — surtout pas à ma sœur. Si j'avais été un parent chez vous, j'aurais certainement pris le parti de votre fille. »

« Bon, dis-je, nous avons donc deux points de vue opposés :

1. Prendre le parti de l'enfant qui possède le sac à dos.

2. Prendre le parti de l'enfant qui a besoin du sac à dos.

Je commençai à distribuer les feuilles que j'avais préparées pour cette réunion. « La première page de dessins, dis-je, montre deux sœurs qui se disputent — non pas un sac à dos, mais un chemisier. La page suivante montre ce qui arrive quand le parent tranche soit en faveur du propriétaire soit en faveur du demandeur. Enfin, sur la dernière page, vous verrez ce qui arrive quand un parent accorde son appui à l'un des partis, mais laisse aux enfants la décision finale.

CONFLIT DE PROPRIÉTÉ

CE QUI ARRIVE QUAND LE PARENT PREND LA DÉCISION FINALE

En faveur de la propriétaire

En faveur de celle qui n'est pas propriétaire

CE QUI ARRIVE QUAND LE PARENT PREND PARTI, MAIS LAISSE AUX ENFANTS LA DÉCISION FINALE

Je laissai au groupe quelques minutes pour examiner les dessins, et alors m'adressai au père qui avait obligé sa fille à prêter son sac à dos. « Que pensez-vous de tout cela ? », demandai-je.

Il hésita. « Eh bien ! Dans une certaine mesure la mère prend toujours parti. Elle dit à sa fille aînée qu'elle n'est pas obligée de prêter son chemisier. Cela revient en réalité à dire : " Ne partage pas. " Je ne vois pas ce qu'il y a là de tellement extraordinaire. »

Deux mains se levèrent.

« Elle ne dit pas : " Ne partage pas. " Elle fait clairement comprendre que les droits de propriété doivent être respectés. C'est un principe qui défend les droits des deux enfants. »

« Et en défendant les droits de la fille aînée, la mère fait en sorte que cette dernière puisse envisager de prêter son chemisier à sa sœur. »

Le père secoua la tête, visiblement dégoûté. « Je continue à ne pas voir ce qu'il y a de si terrible à enseigner le partage aux enfants. Mais apparemment, je ne suis pas capable de comprendre », murmura-t-il.

« Moi je suis capable de vous comprendre, dis-je. Et je trouve votre observation très importante. Il faut inciter les enfants à partager, et cela pour des raisons d'ordre pratique. Ne serait-ce que pour se débrouiller dans notre monde, il faudra qu'ils sachent partager — les choses, l'espace, leur propre personne. Et aussi bien pour des raisons d'ordre spirituel. Nous voulons que nos enfants connaissent le plaisir que l'on ressent à donner volontairement, de bon cœur. Mais obliger les enfants à partager ne fait que les pousser à s'accrocher encore plus à leurs affaires. Le partage forcé sape toute tendance à donner de bon cœur.

« Revenons à l'objet de cette séance et au but de ce cours. Nous sommes à la recherche de moyens pour favoriser les bons sentiments entre nos enfants. De moyens pour diminuer les risques de disputes. Lorsque les parents prennent la position : " Ici c'est moi qui décide qui doit partager et qui peut conserver ses affaires ; ce qui est raisonnable et ce qui ne l'est pas ; qui a raison et qui a tort ", les enfants ont tendance à devenir plus dépendants des parents et plus hostiles vis-à-vis de leurs frères et sœurs.

« Ce qui amoindrit la tension, ce qui peut rétablir l'harmonie, c'est l'attitude : " Qui a besoin de quoi ?... Qui ressent quoi ?... Quelles sont les solutions susceptibles de prendre en considération les besoins et les sentiments de chacun. " Ce ne sont pas tant les considérations de principe qui nous intéressent, mais plutôt le bien-être de chacun.

« Nous n'avons pas encore toutes les réponses. Nous n'avons qu'une ligne de conduite. Notre règle de base, c'est d'essayer de ne pas intervenir, mais quand nous sommes dans l'obligation de le faire, c'est toujours avec en tête le désir de laisser les enfants reprendre le plus rapidement possible leurs relations mutuelles. C'est la meilleure façon de les préparer pour le reste de leur vie. »

Je jetai un coup d'œil sur l'horloge au fond de la salle. Il ne restait plus que quelques minutes avant la fin de la séance.

« Eh bien ! mes amis, dis-je, on dirait que nous ne nous sommes pas laissé beaucoup de temps pour les récits. »

« Quels récits ? dit une femme. Oh oui, les histoires de disputes que nous avions gardées pour la fin. Cela ne fait rien. Elles attendront la semaine prochaine. J'ai une question que je veux vous poser depuis longtemps. »

D'autres mains se levèrent.

« Moi aussi. Que faire quand... »

« Je me demande si... »

Ce groupe était infatigable. Le sujet inépuisable. La seule chose qui semblait toucher à sa fin c'était moi.

« Je vous en prie, dis-je, ceux qui ont des questions, mettez-les par écrit pendant que je range. Je les prendrai avec moi à la maison, et vous donnerai à tous une copie de mes réponses par écrit la semaine prochaine. Entre-temps, prenez bien tous vos feuilles de rappel.

Bref rappel...

QUAND LES ENFANTS NE SONT PAS CAPABLES
DE TROUVER PAR EUX-MÊMES
UNE SOLUTION A LEUR PROBLÈME

1. Réunissez les adversaires. Expliquez l'objet de la réunion et les règles fondamentales.

2. Notez par écrit les sentiments et les préoccupations de chaque enfant, et relisez à haute voix.

3. Laissez-leur du temps pour réfuter.

4. Invitez chacun à trouver des solutions. Mettez par écrit toutes les idées, sans les juger.

5. Choisissez parmi les solutions celles qui conviennent à tout le monde.

6. Suivez l'évolution des choses.

Bref rappel...

COMMENT VENIR EN AIDE A UN ENFANT QUI LE DEMANDE SANS PRENDRE PARTI

JIMMY

Papa, je ne peux pas finir ma carte pour l'école. Dis-lui de me donner les crayons de couleur.

AMY

Non. Je dois colorier ma fleur.

1. Définissez le cas de chaque enfant.

« Voyons quel est le problème. Jimmy tu as besoin des crayons de couleur pour terminer ton travail. Et Amy tu veux finir ton coloriage. »

2. Définissez le principe ou la règle.

« Le travail scolaire a la priorité. »

3. Laissez la porte ouverte aux possibilités de négociation.

« Mais, Jimmy, si tu veux trouver une solution avec ta sœur, cela te regarde. »

4. Partez.

LES QUESTIONS

C'est la veille de notre dernière séance. Il me semble que je devrais me mettre à examiner les questions que les gens ont laissées sur mon bureau. Je feuillette la pile et j'en reviens à penser que ce sujet est véritablement inépuisable. Plus on en sait, et plus on veut en savoir. Voici ce qu'on m'a demandé, et voici mes réponses.

A part le fait de ne pas les y forcer, quelles sont les façons d'encourager les enfants à partager ?

1. En rendant les enfants responsables du partage. (« Les enfants, j'ai acheté une bouteille de bain moussant pour tout le monde. Quelle est la meilleure façon de le partager ? »)
2. En montrant bien les avantages du partage. (« Si tu lui donnes la moitié de ton crayon rouge et qu'elle te donne la moitié de son crayon bleu, vous pourrez toutes les deux faire du violet. »)
3. En laissant du temps pour que les choses mûrissent. (« Lucy te fera savoir quand elle sera prête à partager. »)
4. En manifestant notre satisfaction lorsque le partage est spontané. (« Merci de me donner un morceau de ton gâteau. C'était délicieux. »)
5. En donnant nous-mêmes l'exemple. (« Maintenant je voudrais te donner un morceau de mon gâteau. »)

Que doit-on faire si on s'aperçoit que l'aîné abuse de la crédulité du plus jeune ? Quand mon fils et ma fille jouent aux cartes, elle garde les meilleures pour elle et ne lui donne que celles qui n'ont pas de valeur. Est-ce que je dois lui faire une remarque ?

Tant que les deux partenaires sont contents, il vaut mieux se retenir d'intervenir. Si cela peut vous rassurer, dites-vous que votre fils ne sera pas toujours facile à berner. Très bientôt, il sera aussi grand, aussi astucieux, aussi assuré que sa sœur aînée. Il apprendra à se défendre tout seul et à obtenir ce dont il a besoin. Après tout, il est à bonne école !

A la maison, un grand nombre de querelles sont déclenchées par le fait qu'un des garçons « rapporte » ce qu'a fait l'autre dans le but de lui attirer des ennuis. Y a-t-il une façon de décourager les rapportages ?

Oui, ne récompensez pas celui qui vient rapporter en vous mettant en colère contre son frère : « Quoi ! Il a fait cela ? Dis-lui de venir immédiatement ! »

Nous décourageons les commérages lorsque nous prenons comme règle de conduite d'attendre de chaque enfant qu'il soit responsable de sa propre conduite :

« Cela ne me plaît pas de t'entendre raconter ce que ton frère fait ou ne fait pas. Mais si tu veux me parler de toi, je serais heureuse de t'écouter. »

Après quelque temps, les enfants comprendront que les rapportages ne paient pas.

Exception. Si l'un des enfants se livre à une activité dangereuse, il est vital que les parents en soient informés. Un père de ma connaissance a dit à ses enfants : « Les enfants, je n'aime pas les ragots. J'attends de vous que vous régliez vos problèmes entre vous. Mais si l'un de vous voit quelqu'un en train de faire quelque chose de dangereux, alors vous venez le dire à Maman ou à moi, aussi vite que vos jambes le permettent. Dans notre famille, nous avons le devoir de veiller sur la sécurité de chacun. »

Hier, mes enfants m'ont suivi de pièce en pièce sans cesser de crier : « C'est mon tour ! »... « Non, c'est mon tour ! » J'ai l'impression qu'ils tiennent absolument à se disputer en ma présence. Avez-vous des suggestions ?

Vous pouvez faire preuve de la même détermination pour vous protéger. Vous pouvez leur dire : « Je vois bien à quel point c'est important pour vous deux de trouver à qui c'est le tour d'utiliser la balançoire. Mais pour l'instant, moi j'ai besoin de calme. Vous pouvez trouver la solution dans votre chambre, ou dehors. Pas ici. »

Les enfants ont le droit de discuter, et vous, vous avez le droit de protéger et votre système nerveux et vos tympans.

Est-ce que vous pensez qu'on peut proposer aux enfants de régler leurs différends à pile ou face ?

Le problème, quand cette suggestion émane des parents, c'est qu'elle contient en sous-entendu le message suivant : Ce que vous pensez, ce que vous ressentez n'a pas d'importance. Laissez votre sort aux mains du hasard.

Un autre problème avec la solution « pile ou face », c'est qu'il y a un gagnant et un perdant — habituellement un perdant contrarié.

Une seule fois j'ai pu utiliser ce procédé avec succès, mais après avoir épuisé toutes les possibilités de solution. Quand on en est là, s'il y a toujours une impasse, on peut demander : « Et que diriez-vous tous les deux de décider à pile ou face ? Est-ce que vous pourriez vous satisfaire du verdict quel qu'il soit ? »

Dimanche dernier, mes garçons discutaient pour savoir si nous irions au parc ou à la plage. Aurais-je dû suggérer de voter ?

Le vote peut engendrer des ressentiments, surtout quand il devient une échappatoire pour ne pas écouter le point de vue de chaque enfant : « D'accord, ne perdons pas de temps à discuter. Votons. Parc ou plage ? Quatre voix pour la plage, une pour le parc. C'est la plage qui gagne. Allons-y ! » Pas étonnant que l'enfant mis en minorité se sente trahi par cette forme de « démocratie ».

Toutes les fois où je n'ai pas pu obtenir un consensus par la discussion, et où j'ai été entraînée à employer le vote (c'était cela ou passer la journée à la maison à discuter comment passer la journée), je me suis fait un devoir d'exprimer à haute voix (après que les acclamations des vainqueurs s'étaient tues) les sentiments des perdants, comme je les imaginais : « Nous irons à la plage, parce que c'est le vote de la majorité. Mais je veux que vous sachiez tous que l'un d'entre vous est déçu. Andy avait vraiment envie d'aller au parc aujourd'hui. » Cela avait généralement pour effet d'arrêter les manifestations de triomphe peu charitables et de réconforter le perdant.

Je suis très contrariée quand nous essayons de passer une journée agréable quelque part avec les trois filles et qu'elles n'arrêtent pas de s'asticoter. Y a-t-il quelque chose à faire ?

Certains enfants à certaines périodes de leur vie ont intérêt à être un peu moins avec leurs frères et sœurs. C'est mieux pour eux d'avoir des sorties à part, des amis à part, des intérêts à part, des activités à part, des moments à part pour se trouver seul avec l'un ou l'autre de leurs parents. Avec suffisamment de temps pour eux en dehors de la famille, il se pourrait même qu'ils cessent de toujours se regarder en chien de faïence.

Il y a quelque chose qui me met hors de moi : quand les enfants, après avoir enfin fait quelque chose de gentil, se disputent pour savoir qui a le mieux travaillé ou qui en a fait le plus. Ma fille dit : « C'est moi qui ai lavé toutes les assiettes. » Mon fils rétorque : « Tu parles ! C'est moi qui ai dû laver les casseroles et sortir les ordures. » Comment en venir à bout ?

Quand les enfants rivalisent pour savoir qui a le mieux aidé, cela donne aux parents une excellente occasion de souligner la valeur du travail commun : « Eh ! regardez cette cuisine ! A vous deux, vous avez tout rangé ! Quelle équipe ! »

Imaginons qu'en dépit de l'utilisation des techniques dont nous avons parlé dans ce cours, un enfant continue à gâcher la vie des autres. Que reste-t-il à faire ?

Si les rapports d'un enfant avec ses frères et sœurs paraissent dominés par la malveillance, une jalousie exacerbée et une rivalité constante ; s'il ne partage jamais ; s'il passe son temps à brutaliser ses frères et sœurs physiquement ou verbalement, il serait alors sage d'avoir recours à l'aide d'un professionnel. Les parents peuvent envisager une thérapie individuelle pour l'enfant, ou une thérapie pour la famille.

LES RÉCITS

En me rendant à notre dernière séance, je me sentais nerveuse. Maintenant que notre cours touchait à sa fin, j'étais en proie au doute. Avais-je fait le tour du sujet ? Avais-je jamais averti le groupe du danger qu'il y avait à prendre un enfant comme confident pour discuter avec lui des problèmes d'un frère ou d'une sœur ? Avais-je jamais mentionné que lorsque l'on passe un moment en tête à tête avec un enfant, en profiter pour parler d'un autre enfant n'était pas une bonne idée ? Avais-je fait remarquer que malheureusement certains enfants ne s'entendraient jamais ensemble, quel que soit le savoir-faire des parents ? J'avais eu l'intention de préciser que même dans ces cas, l'utilisation des techniques ne risquait pas, du moins, d'aggraver les choses... Si seulement nous avions un peu plus de temps...

L'humeur générale qui régnait dans la salle au moment où j'y pénétrais était singulièrement différente de la mienne. Les gens bavardaient gaiement. C'était comme le dernier jour d'école avant les vacances d'été. Plus de cours. Le moment des récits. Une occasion de rester confortablement assis à écouter comment les autres parents étaient venus à bout des disputes. La bonne humeur du groupe était contagieuse, et je sentis que je me détendais.

Je pris place et nous commençâmes. Les récits semblaient se suivre l'un l'autre tout naturellement. Dès qu'une personne nous racontait comment elle avait appliqué une certaine technique, d'autres s'empressaient de relater des expériences semblables.

Par exemple, les deux premiers comptes rendus mettent tous deux en scène des parents qui prennent pour la première fois la décision délibérée de ne pas régler les différends de leurs enfants pour ces derniers. Dans chaque cas, curieusement, l'objet du litige se trouvait être une chaise.

Je me sentais d'humeur généreuse, et je décidai d'accorder une faveur aux enfants. Ils auraient la permission de prendre leur dîner sur des tables basses, dans le séjour, en regardant la télévision.

Ils étaient tout excités et se sont précipités dans le séjour pour attendre leur sandwich. Immédiatement j'ai entendu des hurlements. Ils se disputaient pour avoir la même chaise. Jason a fini au bout d'un moment par renoncer parce que Lori, l'aîné, la plus grande, avait pris la chaise de force.

Jason est arrivé dans la cuisine criant et pleurant. Il voulait que j'aille reprendre la chaise pour lui. J'étais tentée de le faire, parce que Lori arrive toujours à ses fins, mais au lieu de cela j'ai dit : « Jason, je vois bien que tu es fâché. Je pense que tu devrais dire à Lori ce que tu éprouves. »

Il est retourné dans le séjour pour l'affronter. C'était comme le jeter dans la fosse aux lions. J'ai entendu qu'elle devenait si violente que je me suis précipitée pour dire : « Pas d'injure à la maison. »

Alors elle s'en est pris à moi : « C'est un enfant pourri ! C'est toujours lui qui prend cette chaise. Il ne me la laisse jamais ! »

Je dis : « Je vois à quel point vous y tenez tous les deux. » J'ai alors arrêté le poste de télévision et j'ai déclaré : « C'est à toi et à Jason de trouver la solution. » Elle a compris également mon autre message : *pas de télévision avant d'avoir trouvé la solution.*

Je suis retournée à la cuisine, avec un Jason en larmes sur mes talons. Je fulminais en moi-même. C'était entièrement de la faute de Lori. Je l'aurais volontiers corrigée. Mais j'ai décidé de leur donner une autre chance, et sans beaucoup d'espoir, j'ai dit (assez fort pour que Lori puisse entendre) :

« Je suis sûre et certaine que vous pouvez tous deux trouver une solution si vous vous donnez la peine d'essayer. »

A ce moment (je pouvais à peine le croire) Lori est entrée et a dit : « Jas, j'ai une bonne idée. » Jason est devenu tout excité, et l'a suivie en courant au séjour. En moins de temps qu'il ne faut pour le dire, ils étaient les meilleurs amis du monde et venaient chercher leurs sandwichs à la cuisine.

Je ne sais pas comment ils se sont arrangés, et je ne m'en soucie pas. Je suis si contente de m'être tenue à l'écart et de n'avoir pas pris parti !

C'est moi qui viens au cours, mais c'est mon mari qui se charge de changer notre façon de vivre, à partir de la lecture de mes notes. Hier matin, alors que nous nous installions pour le petit déjeuner, Billy et Roy ont commencé à se disputer pour savoir qui aurait la chaise à côté de la fenêtre. Comme le ton montait, mon mari a explosé : « Personne ne s'assiéra là — à part moi ! »

Puis il a écarté les deux garçons de la chaise et s'y est assis lui-même. Billy a réagi en hurlant : « Papa, je te déteste ! » Le petit déjeuner était en train de tourner rapidement au désastre.

Il a dû alors y avoir un déclic dans la tête de mon mari. Il a dit : « Oh ! Billy, je vois à quel point tu es contrarié. C'était vraiment très important pour toi de t'asseoir là ce matin. »

Billy a répondu avec un « Oui » tonitruant, et sa colère s'est évanouie. Alors mon mari a dit : « Je parie que Roy et toi vous pourriez trouver un arrangement équitable pour tous les deux. »

A notre stupéfaction, ils se mirent à établir un plan selon lequel Billy aurait la chaise pour le petit déjeuner et Roy pour le dîner. D'un seul coup, l'atmosphère avait complètement changé et tous, nous pouvions profiter agréablement de notre petit déjeuner.

Ma femme était au travail, et je me trouvais au lit avec une mauvaise grippe, essayant de me reposer un peu. Pendant un moment, les garçons (quatre et six ans) ont très gentiment joué. Puis, tout d'un coup, une grosse dispute a éclaté, et tous deux se sont précipités dans ma chambre pour me donner leur version des faits.

Je me sentais trop mal pour les écouter, je leur ai donc suggéré de dessiner leur problème sur le tableau noir, dans leur chambre, et une fois cela terminé, de dessiner aussi ce qui leur semblerait une bonne solution.

L'idée a plu aux garçons. Ils ont pris la règle et ont partagé le tableau en deux. Puis, chacun d'eux s'est mis à dessiner sur sa moitié.

Quand ils en ont eu terminé, il m'ont apporté ma robe de chambre, m'ont fait sortir du lit et m'ont emmené dans leur chambre pour m'expliquer leurs dessins. De toute évidence, ils n'étaient plus fâchés. A un stade quelconque de l'entreprise, ils devaient s'être réconciliés.

Tous les enfants ne parvinrent pas à trouver la solution à leur problème. Mais cela n'avait apparemment pas d'importance. Le seul fait de rechercher une alternative qui leur convienne mutuellement avait généralement pour effet de relâcher la tension entre les frères et sœurs.

Malheureusement, mes trois filles adolescentes doivent partager la même chambre. Cela pose surtout des problèmes quand l'une d'entre elles invite une amie. Hier, elles se disputaient, comme d'habitude, en hurlant, pour savoir qui allait quitter la chambre, et elles ont descendu toutes trois l'escalier en trombe pour se plaindre auprès de moi, chacune avec l'espoir que j'allais prendre son parti.

Mais cette fois, j'étais décidé à ne pas me faire piéger. Je leur ai dit que j'attendais d'elles qu'elles trouvent elles-mêmes une solution équitable pour toutes. Elles sont remontées et deux minutes plus tard, elles étaient à nouveau en bas. Elles m'ont dit qu'elles avaient bien essayé de se mettre d'accord, mais en vain, et que c'était à moi de régler l'affaire.

Je suis resté sur mes positions.

MOI

Comment ? Vous n'avez pas essayé plus de deux minutes ? Pour un problème aussi sérieux ? Vous avez le cas de trois filles obligées de partager la même chambre et désirant toutes trois un peu de tranquillité lorsqu'une amie vient les voir. Il faut plus de deux minutes pour résoudre un tel problème.

ELLES

Allez, Papa, dis-nous juste ce qu'il faut faire.

MOI

Réfléchissez encore un peu au problème.

ELLES

C'est trop long !

MOI

Trop long ? Savez-vous combien de temps il a fallu aux hommes les plus sages de treize différents États pour arriver à se mettre d'accord pour écrire une constitution afin de former les États-Unis d'Amérique ? Pas des jours. Pas des semaines. Des années ! Votre problème vous demandera beaucoup de temps. Beaucoup de réflexion. Mais je ne doute pas un instant que vous ne soyez capable de le résoudre — dans plus ou moins longtemps.

Elles ne pouvaient pas s'opposer à l'Histoire ! Elles sont retournées dans leur chambre, et pendant le quart d'heure qui a suivi, je pouvais les entendre discuter avec sérieux.

Bon, j'ai le regret de vous dire qu'elles ne sont jamais parvenues à un accord particulier. Mais, au cours des deux semaines suivantes, j'ai vraiment remarqué un changement dans leur attitude à l'égard l'une de l'autre. Maintenant, quand l'une d'entre elles a invité une amie, les autres ou bien quittent la chambre, ou bien demandent si elles peuvent rester. Cela peut paraître peu de chose, mais en ce qui concerne mes trois filles, c'est une grande réussite.

Les deux histoires suivantes concernaient des enfants qui s'étaient arrangés pour trouver des solutions. A la surprise générale, ces très jeunes enfants avaient eu la capacité d'imaginer des réponses originales à des problèmes qui auraient embarrassé plus d'un adulte.

La semaine dernière, j'étais en voiture avec ma fille (six ans), son amie et mon fils (trois ans). Les deux filles avaient chacune deux glands et mon fils n'en avait pas. Il s'est mis à pleurer parce qu'aucune fille ne voulait partager avec lui.

Ma fille a expliqué que si elle donnait un de ses glands à Joshua, elle en aurait alors moins que son amie. Je leur ai dit que s'ils réfléchissaient tous un peu, ils finiraient par trouver une solution équitable. (C'est ce que j'ai dit, mais je n'y croyais pas.)

Une minute plus tard, ma fille a dit : « Maman, nous avons trouvé la solution ! Johanna (l'amie) pourrait donner un de ses glands à Joshua. Alors moi, je t'en donnerais un des miens. De cette façon, nous en aurions chacun un ! »

Ma belle-sœur trouve que les cours sur la façon d'élever les enfants ne servent qu'à culpabiliser les parents. Quand elle est venue me rendre visite avec ses enfants j'avais très envie de lui démontrer qu'elle se trompait. Bref, mon neveu Johnny, cinq ans, est entré en courant pour se plaindre que ma fille Leslie, six ans, ne le laissait pas être l'Araignée. Je dis : « Ma parole, Johnny, c'est un problème difficile. Vous voulez tous deux être l'Araignée. Hmmm... Eh bien ! je vous fais confiance pour trouver une solution qui vous convienne à tous deux. »

Entre ses dents, ma belle-sœur murmura que Johnny allait céder à Leslie « comme toujours » et la laisser être l'Araignée.

Moins de cinq minutes plus tard, les deux enfants revenaient en courant, tout excités. Ils avaient trouvé la solution ! Ils allaient tous les deux être l'Araignée. Et le jeune frère de Leslie, dix-neuf mois, ainsi que la sœur de Johnny, trois ans, pouvaient choisir d'être ce qu'ils voulaient.

> Ma belle-sœur était vraiment impressionnée. Elle n'arrivait pas à croire que de si jeunes enfants pouvaient réussir à régler des problèmes sans que leurs parents leur disent quoi faire.

L'exemple suivant fut proposé par une mère d'adolescents. Comme vous allez le voir, son attitude c'est : « Mieux vaut tard que jamais. »

> J'aurais souhaité connaître tout cela il y a des années. C'est bien plus facile de changer quand les enfants sont jeunes plutôt que de commencer quand ils sont adolescents. Mais je pense qu'il me reste encore quelques années pour essayer de les civiliser.
>
> Le pire moment, c'est le dîner. Ils ne font que s'asticoter les uns les autres pendant que j'essaie de manger. Je leur ai dit au moins cent fois qu'ils présentaient un spectacle écœurant et qu'on se croirait à la foire aux bestiaux, mais cela n'a jamais eu le moindre effet sur eux.
>
> Cela dit, après notre discussion de la semaine dernière, j'ai décidé de changer de tactique. Rien ne pourrait m'empêcher de me débrouiller. Dès qu'ils faisaient une remarque désobligeante, je les arrêtais, leur disant : « Eh ! pas de méchancetés » ou : « Ça c'est une parole blessante » ou : « Les enfants vous avez le choix — vous parlez gentiment ou *vous vous taisez.* »
>
> Je leur ai aussi dit que je désirais que le lendemain ils arrivent à table en ayant préparé un sujet de conversation intéressant. J'ai précisé que j'attendais de chacun d'eux qu'il contribue activement à établir un bon climat dans la famille.
>
> Vous n'imaginez pas combien j'étais résolue. Le soir suivant, je suis arrivée à table avec mon vieux sifflet. (J'avais été professeur de gymnastique.) Ils ont bien commencé. Mais après cinq minutes de discussion, j'ai entendu la première remarque insidieuse, et j'ai donné un coup de sifflet. Pendant une seconde, ils ont été interloqués, puis ils ont compris et se sont mis à rire. Et jusqu'à la fin du repas, ils se sont comportés de façon convenable.

Jusqu'à présent, la plupart des querelles entre frères et sœurs qui nous ont été racontées n'ont nécessité qu'une brève intervention de la part des parents. Mais il y en a eu d'autres, du genre qui pousse les parents à hurler : « Attendez d'avoir vous-mêmes des enfants. Vous verrez comme c'est exaspérant ! » Les deux derniers comptes rendus vont nous montrer des parents impliqués dans des interventions de longue durée entre des frères et sœurs en colère :

Mercredi après-midi.

Hal et Timmy arrivent de l'école. Je les accueille et leur demande comment s'est passée la journée.

Hal dit qu'il avait oublié son déjeuner et que tout ce que ses amis avaient bien voulu lui donner, c'étaient quelques chips. Je le plains, et lui donne le repas qu'il avait laissé à la maison. Et les deux garçons sortent pour jouer.

Quelques minutes plus tard, ils sont de retour, en se bousculant. Timmy pleure.

MOI

Que s'est-il passé ?

HAL

(Furieux) Timmy m'a donné un coup sur la tête !

TIMMY

(En larmes) Je n'ai pas fait exprès. Hal, je n'ai pas fait exprès.

HAL

Non, ce n'est pas vrai ! Je sais que tu l'as fait exprès. (Il recommence à le bousculer.)

MOI

(Les séparant.) D'accord, quelle que soit la raison, on ne doit pas se frapper. On va s'asseoir et vous allez me dire ce qui se passe.

HAL

Je ne veux pas en parler.

Hal s'assied et se met à regarder un livre que Timmy a rapporté de la bibliothèque de l'école. Timmy le lui enlève des mains. Hal le reprend brutalement.

HAL

Je suis en train de le regarder.

TIMMY

C'est mon livre.

HAL

Non ce n'est pas vrai. Tu l'as pris à la bibliothèque. Ça ne veut pas dire qu'il soit à toi.

Tous les deux tirent sur le livre.

MOI

Maintenant, nous avons un autre problème. Deux enfants et un livre. Comment allez-vous en venir à bout ?

TIMMY

Je ne veux pas qu'il lise le livre parce qu'il m'a frappé.

HAL

C'est parce que tu m'avais frappé avant. Je voulais me venger !

TIMMY

C'était pas exprès. Et je n'ai même pas tapé fort.

HAL

Ah oui ? Tu m'as tapé aussi fort que ça. (Il frappe Timmy sur la tête.)

Timmy esquive le coup, prend un morceau de carton et en frappe doucement Hal : « Non, c'était doucement, comme ça. »

Hal s'empare du carton et frappe Timmy pour de bon.

MOI

(Les séparant.) Ça, c'est une véritable bagarre.

HAL

Tu l'as dit.

MOI

Hal, je sens combien tu es en colère. Ce n'est pas bon pour toi de rester avec Timmy pour le moment. Je veux que tu montes.

HAL

Je n'irai pas. Je veux me venger !

MOI

On n'a pas le droit de donner des coups ! Tu peux ou monter pour te calmer, ou me parler de ce qui te contrarie.

Hal monte trois marches à contrecœur et puis redescend.

HAL

Maman, il m'a frappé si fort que j'ai mal à la tête.

MOI

Oooh. Maintenant tu as mal à la tête.

HAL

Et ce n'est pas la première fois aujourd'hui.

MOI

Tu as eu mal à la tête à l'école ?

HAL

Oui ! en cours de musique, Mlle Cane a piqué une crise et elle n'a pas arrêté de crier contre moi.

MOI

(Saisissant brusquement la situation.) Voyons, Hal. Tu as eu une journée difficile. D'abord tu vas à l'école et tu découvres que tu as oublié ton déjeuner, puis ton professeur de musique te gronde...

HAL

(Qui a acquiescé de la tête.) Et alors à la récréation, Louis et Steven se sont mis tous les deux contre moi, et Bobby aurait fait la même chose si les surveillantes ne les avaient pas arrêtés...

Il se met à rapporter tout ce qui l'avait contrarié à l'école. Quand il a vidé son sac, je conviens qu'il a eu une journée difficile. Cela suffit à faire rentrer les choses dans l'ordre. Son frère et lui jouent tranquillement le reste de l'après-midi.

Mon fils et mon beau-fils ont presque le même âge et ils ont beaucoup de peine à s'habituer à partager la même chambre après avoir eu longtemps chacun la leur. Un des problèmes les plus difficiles, c'est que chacun d'entre eux insiste pour écouter « sa » musique au même moment. Hier, dans la même chambre, les deux magnétophones jouaient à fond, un du jazz, l'autre du rock.

MOI

(A la porte) PAS SI FORT ! PAS SI FORT ! (Les deux garçons baissent le son.)

Le lendemain, ça recommence — une station de radio rock, et un enregistrement de Herbie Hancock. Je lance dans la chambre un avion en papier sur lequel j'ai écrit : « ARRÊTEZ LA MUSIQUE ».

S'ensuit un petit moment de calme.

Puis à nouveau la même cacophonie.

MOI

UNE SORTE DE MUSIQUE A LA FOIS !

C'est une bonne règle que j'ai inventée là ! Chacun veut la sienne — juste maintenant — et chacun accuse l'autre d'avoir mauvais goût.

L'heure du coucher. Une autre dispute. Todd veut s'endormir avec Chick Corea. Jeremy veut les Stones. On ne peut pas avoir les deux ; pas de musique. Todd vient me trouver pour me dire que c'était vraiment mieux avant l'arrivée de Jeremy. Le soir, mon mari me dit que Jeremy s'est plaint de la même façon à propos de Todd.

Le lendemain : la musique recommence à jouer à tue-tête. J'entre dans la chambre, et calmement, je débranche les deux radios et les deux magnétophones, je les emporte, je les pose sur ma commode et je ferme la porte de ma chambre. Quand j'entends des coups frappés à ma porte et des cris de « Pas juste ! » j'ouvre et je déclare : « Dès que vous viendrez me trouver avec des solutions qui tiennent compte des droits de toute la famille, je vous les rendrai. »

Trois jours de paix. Je peux à nouveau penser. Le problème est en partie un problème de place. Si chaque enfant avait un peu de place pour lui tout seul... Mais où ? Il y a bien au sous-sol un réduit lambrissé, avec un accès, mais on ne peut même pas y mettre le pied, tellement il est encombré de mobilier et de cartons provenant de deux foyers. L'autre aspect du problème — et probablement le plus important — c'est l'hostilité croissante entre les deux garçons. Il va falloir que d'une façon ou d'une autre on parle ouvertement.

Je relis mes notes de cours, je consulte mon mari, et nous décidons tous deux de tenir notre première réunion familiale. Les garçons sont méfiants, mais d'accord pour participer.

Nous expliquons les règles de base et demandons à chacun d'entre eux de nous dire ce qui le contrarie. Ils ont un peu de mal à démarrer, mais une fois partis, c'est difficile de les arrêter.

« J'ai horreur de partager une chambre. J'ai l'habitude d'avoir la mienne. »

« Je me sens comme un étranger qui envahit une propriété privée. »

« Je manque d'intimité. Parfois je me sens très malheureux. »

« Nous sommes trop différents. Il est B.C.-B.G. Moi... je suis plutôt punk. »

« Je ne peux pas m'habituer à ce qu'on me " rationne ". Il y a tellement de règles en ce qui concerne la nourriture dans cette maison. Avant, j'avais l'habitude de manger tout ce dont j'avais envie. »

« Je n'aime pas partager mon Papa. Pourquoi faut-il que nous fassions toujours tout tous ensemble ? »

C'est plus que nous n'en demandions. Je n'ai aucune idée de la marche à suivre, et je lance un appel au secours à mon mari. Il me renvoie un regard qui signifie : « Je suis perdu. » Puis il dit : « Votre mère et moi-même prenons vos doléances au sérieux, et nous désirons réfléchir plus longuement à ce que vous venez de nous dire. Nous continuerons cette discussion demain matin. » Je me lève alors pour aller faire des courses et mon mari va s'asseoir pour régler des factures.

Quand je reviens à la maison, quelques heures plus tard, j'entends du bruit au sous-sol et je descends voir ce qui se passe. Todd m'aperçoit et crie : « Eh Maman, tu arrives juste à temps. Viens voir ce que nous avons fait ! »

Jeremy appelle : « Papa, tu viens aussi ! »

Nous n'en croyons pas nos yeux.

Le sous-sol est impeccable. Les cartons sont empilés contre le mur le plus long, bien régulièrement, trois par trois. Dans le réduit, il y a, par terre, un tapis, au milieu une chaise, et dans un coin, une lampe ; dans l'autre coin une guitare et une table contre le mur, avec dessus une radio et un magnétophone.

Mon mari est sans voix. Je suis tellement stupéfaite que tout ce que je suis capable de dire c'est : « Oh ! C'est vous qui avez fait cela ? Oh alors... »

JEREMY

C'est mon coin musique.

TODD

C'est parce que Jeremy aime s'asseoir pour jouer de la guitare quand il écoute du rock. Moi j'ai la chambre parce que j'aime me coucher sur mon lit pour écouter ma musique.

Todd repart vers son lit et allume son magnétophone. Jeremy prend sa guitare et allume la radio, et nous retournons au salon en nous souriant comme deux imbéciles heureux. Nous savons tous deux que cela ne peut pas durer, mais pour l'instant, ah quelle paix ! c'est merveilleux.

Ce récit mit fin à notre dernière séance. D'après l'expression que les gens avaient sur le visage, je pouvais voir qu'ils ressentaient déjà une certaine nostalgie. Comme moi. Nous avions partagé beaucoup de moments chaleureux et mémorables.

« Ces réunions vont me manquer », dit quelqu'un.

« Est-ce qu'il *faut* s'arrêter ? J'aurais besoin, de ce cours jusqu'à ce que les enfants soient des adultes et quittent la maison. »

« Est-ce qu'il *faut* s'arrêter ? J'aurais besoin, de ce cours jusqu'à ce que les enfants soient des adultes et quittent la maison. »

« Est-ce que nous pourrions nous réunir à nouveau, dans un mois — juste pour une révision ? »

Je regardai d'un air interrogatif les membres du groupe. Quelques personnes acquiescèrent avec empressement. D'autres étaient réservées, faisant état de projets de vacances et d'engagements antérieurs.

Je n'avais pas envisagé d'autre réunion. Pourtant l'idée d'une séance de suivi dans un mois, ne serait-ce qu'avec une partie du groupe, me tentait.

Nous avons donc sorti nos agendas et fixé une date.

7

Comment faire la paix avec le passé

Je savais que nous n'aurions pas une salle pleine. A partir du moment où on a abandonné le rythme habituel des séances, toutes sortes d'obligations se présentent à la fois et viennent à bout des meilleures intentions. Pourtant, j'étais si habituée à l'énergie farouche, à l'entrain d'un groupe important qu'il me fallut un moment pour me faire au fait que nous n'étions que six ce soir-là.

« Aucune importance, pensais-je. A six, cela peut aussi être très bien. Décontracté et intime. » Mais il se passait autre chose aujourd'hui. Il y avait dans la pièce une tension sous-jacente. J'invitai le groupe à rapprocher les chaises pour former un plus petit cercle.

« Alors, commençai-je, comment ça se passe ? »

Un long silence gêné.

Enfin... « J'ai eu une longue conversation avec ma sœur, Dorothy, il y a quelques semaines, mais je ne pense pas que je devrais vous faire perdre votre temps avec cela.

— C'est votre temps, dis-je. Nous n'avons aucun programme fixé ce soir.

— Mais on devrait en principe parler des rapports entre nos enfants, pas des nôtres. »

— Cette séance est consacrée à toutes les questions que vous pouvez vous poser relativement aux frères et sœurs. »

Elle hésita. « En fait, dit-elle, je crois que cela n'est pas sans rapport, parce que sans ces réunions je n'aurais jamais eu cette conversation avec elle. »

Il y eut soudain un regain d'intérêt très vif. Plusieurs personnes la pressèrent de continuer.

« Eh bien ! Je ne sais pas si aucun d'entre vous se souvient que j'ai déjà parlé de ma sœur ici...

— Je m'en souviens très bien, dit une femme. Nous parlions des comparaisons entre enfants, et vous nous avez raconté que votre mère voulait toujours que vous preniez exemple sur Dorothy et que cela vous rendait très malheureuse. »

Son visage se colora. « C'est exact, dit-elle. Quand j'ai quitté cette réunion-là, j'étais à nouveau complètement perturbée... à cause de ma mère qui plaçait Dorothy tellement au-dessus de moi, et à cause de Dorothy qui faisait tout d'un air si supérieur.

« Mais, quelques semaines plus tard, quand nous avons parlé des rôles dans lesquels nous plaçons nos enfants, et du mal que cela peut leur faire, même quand les enfants ont été placés dans des rôles positifs, il me vint à l'esprit que peut-être Dorothy avait elle aussi souffert. De toute la nuit, je n'ai pu chasser cette pensée de ma tête, et quand je me suis réveillée le lendemain matin, je savais qu'il fallait que je lui parle. »

Elle s'arrêta et nous lança un regard interrogateur. « Voulez-vous vraiment entendre toute l'histoire ? C'est loin d'être terminé. »

A nouveau le groupe la pressa de poursuivre.

« L'idée de téléphoner me rendait un peu nerveuse, parce qu'en dehors des vacances, Dorothy et moi n'avons aucun contact ; je ne savais donc pas comment elle allait réagir. J'imagine que j'avais peur de finir par me sentir coupable, une fois de plus. Eh bien ! cela ne s'est pas du tout passé ainsi. Dorothy semblait heureuse de m'entendre. Nous avons parlé un moment de nos maris et de nos enfants, et puis, finalement, j'en suis arrivée à mentionner le groupe, et tout ce que cela m'apportait. Elle paraissait intéressée, je lui ai donc parlé un peu de notre séance sur les rôles, et lui ai demandé alors si elle pensait que Maman nous avait attribué un rôle.

« Au début, elle a dit qu'elle ne le pensait pas, mais après avoir parlé un moment de son enfance, elle a fini par admettre qu'elle s'était bel et bien sentie obligée d'être toujours celle qui était montrée en exemple.

« Elle dit alors la chose la plus stupéfiante. Que par moments, elle avait même eu l'impression que Maman essayait de nous tenir à l'écart l'une de l'autre, et qu'elle avait souvent eu peur de décevoir Maman en devenant trop proche de moi. Parce qu'elle était supposée être la fille spéciale, et moi celle que Maman ne cessait de critiquer. »

Il nous fallut quelques secondes pour digérer ce qu'elle venait de raconter.

« Vous avez dû avoir un choc en entendant cela », murmura quelqu'un.

« En quelque sorte. Mais, d'une certaine façon, je pense que je l'ai toujours su. Ce qui est étrange, c'est que je ne me sentais pas contrariée. J'avais seulement de la peine pour Dorothy. Je lui ai dit que cela avait dû être terrible pour elle, que c'était un fardeau affreusement lourd pour une enfant. Et alors, tout d'un coup, elle s'est mise à pleurer.

« C'était la première fois que ma sœur m'apparaissait comme quelqu'un de vulnérable. J'avais vraiment envie de la consoler, mais elle se trouvait à plus de mille kilomètres. Je lui ai dit : " Dorothy, je t'embrasse. Je te rejoins par le téléphone, et je te prends dans mes bras. "

« Alors, elle me dit combien elle était désolée pour le mal qu'elle avait dû me faire, et combien elle m'était reconnaissante d'avoir appelé ; que si je n'avais pas appelé, nous aurions pu ne jamais nous connaître de notre vie. Alors c'est moi qui me suis mise à pleurer. »

Plusieurs d'entre nous cherchèrent leur mouchoir.

« Savez-vous ce que Dorothy et moi avons décidé ? continua-t-elle. Nous nous sommes donné rendez-vous dans un hôtel à mi-chemin entre New York et Chicago. Nous allons passer tout un week-end ensemble — rien que nous deux — sans maris, sans enfants, entre nous. Nous avons beaucoup à rattraper. »

« J'en suis heureux pour vous, dit un homme, mais d'un autre côté, cela me fait aussi de la peine.

— Pourquoi ? demanda la sœur de Dorothy.

— Eh bien ! c'est triste de penser que des parents peuvent séparer leurs propres enfants de cette façon. Je sais combien nous avons souffert, dans ma famille, que mon père ait tenu mon frère aîné, Tom, à l'écart.

— Et pourquoi a-t-il décidé de faire une chose pareille ? demanda-t-elle.

— Ah, c'est une longue histoire... Le problème c'est que Tom a toujours été un révolté, et que mon père venait d'un milieu grec orthodoxe, très traditionnel ; il y avait toujours entre eux des disputes épouvantables. La rupture définitive eut lieu alors que Tom avait dix-sept ans. Il avait pris de l'argent dans la caisse du magasin de mon père pour s'enfuir. Mon père ne lui a jamais pardonné — jamais. Et jamais il n'a laissé Tom revenir à la maison. Ma mère l'a supplié. Je l'ai supplié. Il n'a pas cédé.

— Et vous n'avez jamais revu Tom ?

— Une fois. Huit ans plus tard, mon père est mort ; Tom est venu à l'enterrement avec sa femme ; mais depuis nous n'avons eu que très peu de contacts. Je serais tout à fait partisan de l'inviter pour Thanksgiving, Noël ou toute autre fête de famille, mais Nick, mon plus jeune frère, refuse toujours. Il ne veut rien avoir à faire avec lui.

— C'est étrange, dit-elle. C'est presque comme s'il avait pris la succession de votre père.

— Je sais. Nick m'a mis dans une position très difficile. En ce moment précis, je suis déchiré. Vous voyez, mon plus jeune fils va être baptisé le mois prochain, et je désire que Tom soit là. Je sais que ce qu'il a fait était mal, mais cela aurait pu être réglé différemment. Il n'aurait pas dû être exclu de la famille. A quoi cela nous a-t-il menés ? Mes enfants ont un oncle et une tante qu'ils ne connaissent pas, des cousins qu'ils ne voient jamais. Et j'ai une nièce et un neveu qui sont des étrangers pour moi.

— Qu'avez-vous l'intention de faire ? » demanda la sœur de Dorothy, à voix basse.

Un long silence. « Je vais en reparler à Nick. Dieu nous a donné un frère, et nous avons le devoir de l'accepter et de lui témoigner de l'affection. Ce serait mal de nous comporter autrement. Je veux tous mes frères, ensemble, avec moi au baptême de mon fils. Je veux que nous soyons à nouveau une famille complètement unie.

— Oh ! vraiment je vous le souhaite, dit une autre femme d'un air mélancolique. Le seul fait d'espérer réunir à nouveau la famille au complet, ça doit être merveilleux. »

Je m'étonnai de sa remarque. Puis je me souvins que c'était la femme qui à notre première réunion avait parlé d'une sœur émotionnellement perturbée.

« Ça ne vaut pas la peine de renouer avec ma sœur, continua-t-elle. La dernière fois que j'ai essayé d'avoir une conversation avec elle, elle m'a accusée de faire courir des bruits sur elle auprès de ses amis.

« De toute façon, la personne à laquelle j'avais vraiment envie de parler, c'était ma mère. Suivre ce cours m'a ouvert les yeux sur une foule de choses. A la suite de notre dernière séance, je me suis dit : " Même si c'est la dernière chose que je dois faire, il faut que je dise à ma mère ce que j'ai ressenti pendant toutes ces années. "

— Est-ce que vous croyez réellement que vous allez lui dire ? demanda quelqu'un avec une certaine hésitation.

— Je lui ai déjà dit, répondit-elle.

— Et est-ce que votre mère a vraiment écouté ?

— Eh bien, cela n'a pas été facile pour elle.

— Que lui avez-vous dit ? »

Elle hésita et me regarda, mal à l'aise.

« Vous préférez peut-être ne pas en parler ? proposai-je.

— Oh, je ne sais pas..., dit-elle. Je ne pense pas que cela m'ennuie. » Elle ferma les yeux un moment, essayant d'évoquer la scène. « Ce que j'ai essentiellement dit à ma mère, c'est combien j'avais souffert de voir la maison éternellement menée par les émotions de Lynn. J'ai dit : " Tu as été tellement obsédée par Lynn et par ses problèmes que tu ne me voyais jamais. Tu n'as jamais su qui j'étais et tu ne t'es jamais souciée de le savoir. Et moi je ne me suis jamais sentie aimée. " »

On aurait pu entendre une mouche voler.

« Qu'a-t-elle répondu à cela ? demanda quelqu'un.

— Elle a dit que j'étais ridicule, d'autant plus que j'étais justement la fille parfaite, celle que tout le monde *aimait.*

« J'ai dit : " Tu vois — c'est exactement ce que j'étais en train de dire. Tu recommences ! Tu fais de moi quelque chose qui n'existe même pas ! "

« Ma mère a ignoré ma remarque, et s'est lancée dans la même vieille rengaine, quelle épreuve cela avait été pour elle d'avoir une enfant perturbée pendant toutes ces années — toutes les séances de docteurs, cette vie de fous, jamais un moment de paix.

Elle a repassé en revue toutes les fois où Lynn avait fait ceci, avait fait cela...

« Je n'avais déjà que trop entendu ce genre de propos. J'étais incapable de la laisser continuer jusqu'au bout. Je lui ai dit : “ Maman, je vais te poser une question très difficile. *Écoute-moi. Contente-toi d'écouter* et n'essaye pas de recommencer ces explications. Toutes ces choses je les connais déjà. Je veux que tu essayes de comprendre comment *moi* j'ai vécu toutes ces années. ”

« Elle m'a regardée avec étonnement. Puis elle a dit : “ Très bien... Très bien, vas-y. ”

« Alors les mots ont jailli de moi comme un torrent. Je lui ai rappelé toutes les fois où elle avait tenté de faire de moi une sorte de perfection.

“ Dieu merci, on peut compter sur *toi.* ”

“ Au moins, *toi* tu as la tête sur les épaules. ”

“ Je suis contente d'avoir une enfant qui soit responsable. ”

« Et j'ai déterré tous mes souvenirs de révoltes avortées, la fois où en septième j'avais séché l'école, celle où j'avais refusé de jouer du piano devant des amis, révoltes qui n'avaient jamais provoqué d'autre remarque que : “ Cela ne te ressemble pas, chérie. ” Je ne pouvais donner assez d'exemples pour montrer combien je m'étais sentie invisible. Pas étonnant que je n'ai pas su qui j'étais la moitié du temps.

« Alors, je lui ai demandé : “ Sais-tu ce que cela aurait représenté pour moi de t'entendre dire, ne serait-ce qu'une fois : Tu n'as pas besoin d'être si gentille tout le temps. Tu n'as pas besoin d'être si parfaite. Tu n'as pas à faire le bonheur de ta mère. Tu peux être embêtante, mal élevée, débraillée, méchante, égoïste, irresponsable — sans que cela porte à conséquence. C'est normal de se conduire ainsi de temps en temps. Je ne t'en aimerais pas moins pour cela. ”

« Les larmes coulaient sur le visage de ma mère pendant que je parlais, mais je ne me suis pas arrêtée. Cela m'était impossible. A la fin, quand j'eus tout dit, elle a murmuré : “ Je ne me doutais pas... Que puis-je dire ?... Je ne sais pas quoi dire. ”

« J'ai dit : “ Rien. Il n'y a rien à dire. Je voulais simplement que tu saches. ”

« Alors je me suis sentie fondre. Je lui ai dit : “ Ne pense pas que j'ignore ce que tu as enduré avec Lynn pendant tout ce temps. Ne pense pas que j'ignore combien tu as souffert. " Et j'ai mis mes bras autour de ses épaules, et nous nous sommes tenues, embrassées et c'était comme si entre nous un mur était tombé. »

J'écoutais, impressionnée. Comme il était facile de pardonner quand on se savait compris. Quel extraordinaire soulagement d'avoir pu exprimer tous ces sentiments amers. Et quel splendide cadeau sa mère lui avait fait simplement en l'écoutant.

« Je ne pourrais jamais parler de cette façon à ma mère, dit une autre femme, en secouant la tête. Elle ne pourrait jamais supporter mes sentiments. Elle ne peut déjà pas supporter les siens. Je ne sais pas pourquoi je me suis donné cette peine, mais récemment, j'ai essayé de lui raconter certaines des choses qui m'avaient perturbées, lorsque j'étais enfant ; par exemple, le fait de n'avoir jamais eu le droit de me mettre en colère contre mon frère, d'avoir toujours dû m'aplatir devant lui, parce qu'il était le prince héritier.

« Vous savez ce qu'elle a dit : " Le problème avec toi, c'est que tu remarques tout ce qui ne va pas et que tu voudrais que tout soit parfait. "

« Alors je lui ai dit : " Où est le problème, si on dit qu'on a mal quand on a mal ? Si on se cogne contre le lit, qu'on s'écrase le doigt de pied, ne peut-on dire : Zut, ça me fait un mal de chien ? "

« Elle a dit : " Non, moi, je continue à marcher, je dis : C'est vraiment malin, et je n'y pense plus. " Et c'est la façon d'agir de ma mère en toutes circonstances. Alors comment pourrais-je espérer qu'elle me comprenne ?

« Elle a un caractère tellement obtus que parfois j'ai envie de la secouer. Tout ce qu'elle sait dire, c'est qu'elle veut que ses enfants soient très unis, mais elle n'a cessé de tout faire pour nous séparer un peu plus... Vous savez ce qui est véritablement étrange ? Mon frère — qui ne me téléphonait jamais — vient d'avoir son premier bébé, et d'un seul coup, il se met à m'appeler pour me demander conseil. Nous parlons exactement comme tout le monde. Tout n'est peut-être pas perdu pour nous. Mais je le jure, si jamais un jour nous devenons vraiment amis, ce sera malgré ma mère, et non pas à cause d'elle. Je sais qu'elle a les meilleures intentions, mais on ne pourrait vraiment pas lui reprocher d'être sensible. »

« Je ne suis pas sûr d'être d'accord avec vous », intervint un autre homme. Il était le seul à ne pas encore avoir parlé. « Ma mère et mon père étaient tous deux des gens très sensibles, mais je vous assure que même des parents sensibles peuvent tolérer des situations qui devraient heurter leur sensibilité. »

Tous les yeux se tournèrent vers lui.

« Il me semble que j'ai parlé un jour de mon frère jumeau qui avait l'habitude de me tabasser, et que mes parents ont toujours laissé faire.

— C'est affreux, dit quelqu'un, et pourquoi ?

— Je n'en ai aucune idée. Peut-être pensaient-ils que les garçons devaient avoir leur ration de chahut et de brutalité. Peut-être pensaient-ils qu'étant donné que nous étions des jumeaux, nous avions des affinités naturelles et que nous étions incapables de nous faire vraiment mal.

« Je ne sais pas ce qu'ils pensaient. Tout ce que je peux vous dire, c'est que lorsqu'on a cinq ans, et que l'on n'a que ses parents pour tout recours, s'ils regardent dans l'autre direction, c'est vraiment terrifiant. Vous en retirez l'impression que d'une façon ou d'une autre, il faut y passer.

— Vous étiez sûrement un garçon coriace pour avoir surmonté tout cela, dis-je.

— J'étais coriace. Mais Éric l'était bien davantage. Et bien plus grand. Il est né cinq minutes avant moi et son poids de naissance était pratiquement le double du mien.

— Dès le tout début, vous avez été désavantagé.

— C'est vrai. Mais les premières années, je me fichais qu'il fût tellement plus grand que moi. Je me battais quand même. Un exemple typique : Il entrait et changeait le programme télévisé que je regardais parce qu'il avait décidé de mettre le sien. Bon, je n'allais pas me laisser faire. Je remettais donc mon programme. Alors il me sautait dessus, me tenait à terre et me rouait de coups jusqu'à ce qu'en fin de compte, il m'ait bien enfoncé dans la tête qu'il avait le pouvoir de me faire vraiment mal. Et il est arrivé un moment — cela a duré un certain temps — où il entrait et tournait le bouton ; et moi je quittais simplement la pièce.

— Je persiste à ne pas comprendre pourquoi vos parents pouvaient tolérer cette situation, s'exclama une femme.

— Eh bien ! en fait, ma mère essayait bien de me protéger, en certaines occasions. Elle criait contre Éric et me prenait avec elle dans sa chambre. Mais en général elle pensait que nous devions nous débrouiller tout seuls. Un jour, elle nous a acheté une espèce de Bibendum. Un gros bonhomme en plastique gonflable qui était lesté de sable, et qui rebondissait quand on le frappait, et je me rappelle qu'elle a dit à Éric : " Quand tu auras envie de frapper ton frère, frappe ça à la place. "

« Je m'en souviendrai toujours. Parce que, après avoir eu cette chose, il a pris l'habitude de me frapper d'abord, puis le sac, puis moi. De toute évidence, cela n'avait pas marché.

— Et qu'est-il arrivé quand vous êtes devenus adolescents ? demanda quelqu'un.

— Éric est devenu un super sportif — hockey, football, rugby. Il se battait de façon meurtrière, pour annihiler, détruire. Plus il avait écrasé son adversaire, plus il était content. Moi j'évitais les sports. Enfant, au lycée, je ne me risquai pas à grand-chose. J'essayais de réussir sur le plan social. Je ne faisais jamais rien qui m'oblige à sortir de mon cercle protecteur d'amis.

— Est-ce que rien n'a changé entre vous au fur et à mesure que vous deveniez plus vieux ?

— Pas vraiment. Simplement, ses attaques physiques sont devenues verbales. Par exemple, un des grands moments de notre famille, c'étaient les discussions à table pendant le dîner. Éric était toujours au courant de tout — les livres, le sport, la politique. Si jamais je tentais d'intervenir sur quoi que ce soit, il ricanait : " C'est stupide. " Et mon père et ma mère étaient tellement obnubilés par leur admiration à l'égard de sa culture, qu'ils ne se rendaient compte de rien. Donc, après un moment, je me contentais d'écouter leurs discussions et de faire des plaisanteries mordantes. En fait j'avais fini par avoir la langue acérée, l'esprit sarcastique. C'était ma seule arme contre Éric. Et je l'employais. Je connaissais tous ses points faibles.

— Qui pourrait vous le reprocher ! dit un homme. Il fallait bien que vous puissiez lui rendre la monnaie de sa pièce, à votre façon. »

Il leva les sourcils et s'appuya sur le dossier de sa chaise —

toute son expression avait changé. « Il y a une époque où j'aurais été d'accord avec vous. Mais il est arrivé la chose la plus incroyable. Le mois dernier, quand toutes ces séances ont été terminées, j'avais un grand désir de recontacter Éric, après l'avoir évité pendant des années. Je l'ai donc appelé et nous nous sommes rencontrés pour un déjeuner qui a fini par durer trois heures.

La curiosité était à son comble. « De quoi avez-vous parlé ? »... « Est-ce que vous lui avez tenu tête ? »... « Lui avez-vous dit à quel point il vous avait gâché la vie ? »

« Ce qu'il voulait surtout me dire, c'est combien moi je *lui* avais gâché la vie. »

Les gens étaient bouche bée.

« D'après Éric, j'étais le fils préféré et jamais il n'avait pu me le pardonner. Il m'a fait remarquer que Maman et moi nous nous entendions bien, et que le courant n'avait jamais passé entre elle et lui. Il avait l'impression qu'elle était toujours fâchée avec lui, qu'elle passait son temps à me protéger, et que jamais il n'avait bénéficié de la compréhension à laquelle il avait droit.

« Il m'a dit aussi qu'il se rappelait que depuis notre plus jeune âge, les gens étaient toujours attirés par moi : " Tu étais si frêle, avec des traits si parfaits — comme le plus petit chat d'une portée, et moi j'étais le grand balourd grotesque. Tout le monde me passait à côté et te choisissait. "

« Puis, il m'a dit comme il s'était senti seul, timide, mal à l'aise, dès le jardin d'enfants, et que c'était devenu pire encore au lycée, parce que j'étais *la* célébrité de l'établissement, et que je ramenais un tas d'amis à la maison, et que lui n'avait personne.

« Je lui ai rappelé que c'était lui qui ramassait tous les compliments à la maison, parce qu'il était un tel intellectuel, un tel sportif. Il a dit : " Les compliments, ça ne rime à rien. C'est toi qui avais l'affection. "

« Je lui ai demandé tout de go : " Est-ce la raison pour laquelle tu me battais ? "

« Il a dit : " Tu as bougrement raison. J'étais furieux et frustré, et tu étais mon bouc émissaire. "

« Je lui ai demandé alors s'il m'en aurait moins voulu, à son avis, si Maman n'avait pas été continuellement furieuse contre lui parce qu'il me battait.

« Il a dit : " Probablement. " Puis il m'a demandé : " Aurais-tu été jaloux si Maman et moi nous nous étions vraiment bien entendus ? "

« J'ai dit : " Peut-être. Mais cela en aurait vraiment valu la peine, parce que du coup tu n'aurais pas ressenti toute cette colère à mon égard ! "

« Alors ce fut pour nous deux la révélation : nous avons compris combien nous nous étions déchiré l'un l'autre et combien, en fin de compte, nous avions souffert l'un et l'autre, lui de m'avoir attaqué et moi de le lui avoir rendu à ma manière.

« Au moment où nous nous sommes quittés, nous avions chacun un sentiment d'accomplissement, comme si nous venions de trouver une pièce manquante de notre personnalité. Et nous avions découvert que nous étions tous deux des gens bien. C'était comme si aucun de nous n'était mauvais. Il était un type gentil et j'étais un type gentil. Tout simplement, deux types gentils qui tentaient de s'attaquer au problème frustrant d'être frères. Avec deux gentils parents qui avaient tenté de faire de leur mieux. »

Notre temps s'était écoulé. Nous étions tous épuisés. La séance nous avait lessivés sur le plan émotionnel. Aucun de nous n'avait plus rien à dire. Les adieux furent difficiles et peu loquaces.

Pour la première fois, j'étais contente d'avoir une si longue route à faire jusqu'à la maison, et j'appréciais le silence dans la voiture. Il y avait beaucoup à penser.

J'étais impressionnée par ce que je venais d'entendre, impressionnée par la puissance de la dynamique qui poussait frères et sœurs à se causer tant de problèmes douloureux, dès la petite enfance ; impressionnée par la force magnétique qui unissait ces mêmes frères et sœurs, leur permettant de reconnecter, de rétablir leur lien fraternel ; impressionnée par l'élan qui les pousse, quelles qu'aient été leurs blessures, à se rapprocher pour se soigner et se guérir mutuellement.

Et je ressentis, plus forte, ma confiance dans les techniques que j'enseignais. Chacun des incidents douloureux exposés au cours de la séance de ce soir aurait pu être minimisé ou même évité si les adultes responsables avaient connu quelques-unes de ces techniques.

« Imaginons, pensai-je, un nouveau monde : frères et sœurs grandissent dans des foyers où il n'est pas permis de se faire mal ; où les enfants ont appris à exprimer leur colère sans risques ni exagération ; où chaque enfant est estimé en tant qu'individu, et non pas en comparaison des autres ; où la coopération est la norme, plutôt que la compétition ; où personne n'est prisonnier d'un rôle ; où les enfants s'entraînent quotidiennement, sous contrôle, à résoudre leurs conflits.

« Et si ces enfants en grandissant deviennent les architectes du monde de demain ? Quel lendemain ce serait ! Les enfants élevés dans de tels foyers sauraient comment s'attaquer aux problèmes du monde sans attaquer notre précieux monde lui-même. Ils auraient la possibilité et la force de le faire. Ils sauveraient ce qui est notre famille suprême. »

Il se mit à pleuvoir. Je mis mes essuie-glaces et allumai la radio pour les nouvelles.

Sinistre. C'était comme d'entendre les histoires de notre groupe, mais à plus grande échelle : conflits à propos de territoires, conflits à propos de systèmes de pensée ; ceux qui « n'avaient pas » jaloux de ceux qui « avaient » ; les grands jouant des coudes pour écarter les petits ; les petits allant se plaindre à l'Onu ou au Tribunal international, de longues histoires compliquées pleines d'amertume et de défiance, qui se réglaient à coups d'invectives et de bombes.

Mais ce soir, cela ne m'affectait pas. Ce soir, je rayonnais d'optimisme. Si après de si longs épisodes de malheurs, de compétition et d'injustice, le désir de la réconciliation jaillissait avec tant de force entre frères et sœurs, pourquoi ne pas envisager une autre sorte de monde ? Un monde dans lequel frères et sœurs de toutes nations, décidés à venir à bout des griefs qui les séparaient se tendraient la main et découvriraient l'amour et la force qu'un frère peut donner à un autre frère.

J'éteignis la radio. La pluie diminuait.

Tout à coup, tout semblait possible.

Index

A

ADOLESCENTS :
disputes, 23, 33, 190, 194 à 196, 207 à 209.
relations proches entre frères et sœurs, 25-26.
thérapie pour les enfants, 183.
ADULTES :
colère chez les, 34 à 42.
disputes pendant leur enfance, analyse, 206 à 209.
effets à long terme des relations frères/sœurs, 27-28.
évocation de leur enfance avec leurs parents, 203 à 205.
rivalités frères/sœurs à l'âge adulte, 26-27.
rôle pendant l'enfance, analyse, 200-201.
souvenirs des relations frères/sœurs, 24 à 26.
AMITIÉ entre frères/sœurs : 25-26, 29.
AVERSION entre frères/sœurs, 49-50.

C

CADET, agressions par l'enfant : 36.
CÉRÉBRAL, atteinte cérébrale motrice, enfants touchés par : 131.
COLÈRE, chez les adultes : 38 à 41.
COLÈRE, chez les enfants, que faire :
carnet de « rouspétance », 52.
élaboration de techniques, 59-60.
erreurs, les corriger, 58-59.
exercices pratiques nouvelle femme/nouveau mari, 34 à 36, 38-39.
expression de la colère sans brutalité, 41, 43 à 47.
frères/sœurs pas encore nés, colère contre eux, 53-54.
moments en tête à tête pour l'enfant inquiet, 53 à 57.
noter les sentiments des enfants, observation des enfants, 56-57.
peur des sentiments d'hostilité, 49 à 51.
pulsions violentes, que faire, 50-51.
recours à l'imagination des enfants, 57-58.
réexprimer ses émotions, 49 à 51.
répression de la colère, les risques, signaux cachés, 24-25, 37.
techniques d'expression créative, 59 à 62.
techniques du point de vue, 51-52.
techniques de la séparation, 64 à 66.
COMPARAISONS par les enfants : 77-78.

COMPARAISONS par les parents :
alternative : la description, 72 à 75, 79, 82.
colère et compliments comme cause, 72.
compétition provoquée par, 71 à 73.
comprendre, 69-70.
effets à long terme, 70-71.
éviter les comparaisons, techniques pour, 79 à 82.
façon de complimenter les enfants, 71.
motivation, 71.
pressions sur l'enfant dues à, 71.
« réussir à être le pire » (syndrome), 70.
sentiments des enfants à l'égard des, exercices pour, 69-70.
travail scolaire et comparaisons, 76, 80-81.
COMPÉTITION, attitudes de : 71 à 73.
COUPE DE CHEVEUX, pour rétablir l'égalité (récits) : 86-87.
CRÉATIVE expression :
comme exutoire à la colère, 59 à 62.
comme remède à une dispute, 187.
techniques de la description par les parents, 72, 74 à 76, 78, 83.

D

DEMI-FRÈRES, conflits entre des : 194 à 196.
DIFFICULTÉS d'apprentissage, enfants avec des : 130-131.
DISPUTES entre frères/sœurs :
adolescents, 23, 33, 194 à 197, 200.
causes, 146-147, 208.
désir des parents de se protéger, 181.
disputes dangereuses, 156-159, 161.
disputes pour jouer, 160.
entre demi-frères, 194 à 196.
les parents se penchent sur leurs disputes d'enfants, 206 à 209.
rancune et, 208.
rôle, relation avec les, 108.
source de stress pour les enfants, 166.
DISPUTES, intervention dans les :
aide d'un professionnel pour régler les, 183.
conditions favorables pour, 160.
décision finale par les enfants, 171 à 176, 178, 185 à 190.
disputes d'adolescents, 190, 194 à 196, 207.
disputes dangereuses, 155 à 157, 160.
disputes entre demi-frères, 194 à 196.
intervention en cinq étapes, 154.
intervention « il faut être sévère », 170.
interventions normales, 149 à 151.
intervention par activités séparées, 182.
médiations de longue durée, 191 à 196.
non-interventions, 147, 159, 163, 179-180, 206-207.
partage, encouragement du, 171 à 175, 179.
pile ou face, 181.
prendre parti, 171, 175 à 177, 182.
rapportages, 180.
recherche d'alternatives, effets positifs sur les, 187.
reconnaissance des réussites, 182-183.
réunions de famille, 168.
réseau de communication, le point sur, 162.
sac à taper, utilisation d'un, 207.
techniques d'expression créative, 187.
techniques préventives, 168 à 170.
vote, 181.
DOUÉS, enfants : 115.

E

ÉGALITÉ devant l'allaitement (récit) : 87.
ESPACEMENT des naissances : 23.
ÉTIQUETTES pour les enfants, les mettre de côté : 136-137.
EXCLUSIVITÉ DE L'AMOUR des parents, désir de : 15.

F

FABER, Adele : 13 à 17.
FAIM, grèves de la : 25-26.
FAMILLES :
réunions, 168.
thérapie, 183.
FAVORITISME par les parents :
alternatives, 97-98.
culpabilité des parents à la suite, 97-98.
effets négatifs, 96.
FRÈRES ET SŒURS, relations :
amitié entre, 25.
aversion entre, 49-50.
bénéfices de la rivalité, 118.
causes de rivalité, 15.
dans les familles avec un seul parent, 29.
effets à long terme, 27-28.
espérances des parents à propos, 22-23.
forces qui rapprochent et séparent, 31.
génétique et, 29.
nature explosive de, 14.
rivalité à l'âge adulte, 26.

G

GÉNÉTIQUE et relations frères/sœurs : 29.

H

HANDICAPÉS enfants :
dynamiques familiales et, 133.
frères/sœurs de, 28, 129-130, 202 à 205.
rôles, 130-131, 133.
traités comme des enfants normaux, 133 à 135, 143 à 145.

J

JOUER, disputes pour : 160-161.

M

MAUVAIS sentiments, voir *colère chez les enfants*
MAZLICH Elaine : 13 à 17.

N

NOTES, prises par les parents : 31, 33.
NOUVELLE FEMME/NOUVEAU MARI, exercice : 34 à 40.

P

PAREIL, traiter les enfants :
attitude des enfants, 89.
en ce qui concerne la nourriture, 90.
expériences amusantes, 85 à 88.
ne pas traiter les enfants pareils, justification, 95.
obsession des enfants, les en libérer, 102 à 104.
pression sur les parents, 78.
traitement unique, comparaison avec, 90.
voir aussi : *Unique, traiter les enfants de façon,*

PARENTS, groupes d'aide aux, comment ils rassurent : 21.
PARTAGER, encouragements pour : 171 à 175, 178.
PERTURBÉS ÉMOTIONNELLEMENT, enfants : 28, 203 à 205.
PILE OU FACE pour régler une dispute : 181.
PIRE « réussir à être le pire » (syndrome) : 70.

R

RAPPORTAGES, situations de : 180.
RÉSULTATS SCOLAIRES, comparaisons : 77, 81-82.
RÔLES des enfants :
aliénation des frères/sœurs à cause des, 200.
attribution de rôles par les enfants, 110, 129, 140 à 142.
attribution de rôles par les parents, 107, 115, 129.
attribution de rôles par soi-même, 110, 129.
capacités et limites, analyse, 113 à 115.
définition de soi au moyen de, 112.
dus au rang de naissance, 116-117.
effets négatifs des, 111-112.
effets positifs des, 111.
manipulation par les parents au moyen des, 119-120.
permanence de, 112.
rang de naissance des parents et, 117.
recherche par les parents de leurs rôles pendant l'enfance, 200-201.
relation avec les disputes, 108-109.
rôle privilégié, les pressions, 112, 200-201, 203, 206.
traits de personnalité, analyse, 117, 120.
voir aussi : *Handicapés, enfants,*
RÔLES, fin des (libérer les enfants des) :
attribution des rôles aux enfants, analyse, 140-141.
deux enfants, comment faire avec, 126-127.
étiquettes, s'en débarrasser, 138-139.
exercices pratiques pour, 118 à 120, 126-127, 142-143.
qualités désirées, reconnaissance des, 123 à 125.
répartition des tâches et, 137-138.
traits positifs, analyse, 142 à 145.
« ROUSPÉTANCE », carnet de : 52.

S

SEUL, familles avec parent : 29.

T

TRAVAIL, bourreau de : 28.

U

UNIQUE, traiter les enfants de façon : 90, 99.
accord des enfants, 102-103.
comparaison avec traiter les enfants tous pareils, 90.
désir des enfants, 105.
enfant « le moins favorisé », attention à, 95-96, 98, 100-101.
justice, 101.
problèmes de favoritisme, 97-98.
se libérer des demandes pour être traité pareil, 103 à 105.

V

VALOIR MOINS, peurs de : 15.
VIOLENCE DES ENFANTS, résoudre le problème de la : 50-51, 62-63, 123 à 125, 160 à 162, 164.
VIOLENCE, pulsion humaine de : 39-40.
VOTE, comme façon d'intervenir dans une dispute : 181.

Table des matières

Comment ce livre a vu le jour 13

1. Frères et sœurs — passé et présent 21
2. Pas avant que tout soit dit 33
3. Les dangers de la comparaison 69
4. Donner la même chose, c'est donner moins 85
5. Frères et sœurs dans leur rôle 107
   S'il est comme ci, je serai comme ça 107
   Accorder aux enfants la liberté de changer 116
   Jamais plus d'enfant à problème 130
6. Quand les enfants se disputent 147
   Comment intervenir utilement 147
   Comment intervenir sans pour autant s'engager . 165
   Comment aider les enfants à résoudre un conflit difficile 168
7. Comment faire la paix avec le passé 199

Index 211

Achevé d'imprimer en mars 2011
sur les presses numériques de l'Imprimerie Maury S.A.S.
Z.I. des Ondes – 12100 Millau
pour le compte des Éditions Stock
31, rue de Fleurus, 75006 Paris

Imprimé en France

Dépôt légal : mars 2011
N° d'édition : 06 – N° d'impression : B11/46042J
54-22-5624/9